ムーンショット

マイク・マッシミーノ
Mike Massimino
黒住奈央子 訳

MOON SHOT

A NASA Astronaut's Guide to Achieving the Impossible

Moonshot
A NASA Astronaut's Guide to Achieving the Impossible
by Mike Massimino

This edition published by arrangement with Hachette Go, an imprint of Perseus Books, LLC,
a subsidiary of Hachette Book Group, Inc., New York, New York, USA
through Tuttle-Mori Agency, Inc., Tokyo.

私も含め人類の夢の実現へ道を拓こうとする
過去、現在、そして未来のＮＡＳＡのチームに捧ぐ

目次

CONTENTS

はじめに
Preface

私はみなさんが思い描くような宇宙飛行士らしい宇宙飛行士では、決してなかった。正直言って高校を卒業したころの私は、ニール・アームストロングのあとに続くことになるようには、まるで見えなかったはずだ。ロングアイランドの労働者階級の子どもで、痩せてひょろっとしていて視力が悪く、おまけに高所恐怖症。宇宙計画にかかわりのある知人もいなければ、そういう人とどうやって知りあえばいいか相談できる人すらいなかった。何の手がかりも道しるべもない。それでも私は、宇宙飛行士になった。そのために必要な頭脳と資質、そして運はかろうじてもちあわせていたのだろう。だが、何よりも私には、揺るぎない意志と粘り強さ、やり抜く力（グリット）、そして挫折するたび――実際、何度も挫折した――に自分を突き動かす情熱があった。

皮肉なことに、2014年にNASA（米航空宇宙局）を去ってから、私はこの宇宙飛行士らしからぬ特性のおかげで〝優秀な元宇宙飛行士〟になることができたのである。テレビドラマシリーズ『ビッグバン★セオリー　ギークなボクらの恋愛法則』や全国ニュース、深夜番組、ナショナルジオグラフィックやディスカバリーチャンネルの多くの特別番組への出演を通じて世界中の視聴者とつながり、宇宙計画が実際にどのようなものか、また宇宙に行くということが何を意味するのかを伝えることができた。

この9年間、そうした役割を担いながらもコロンビア大学の教壇に立ち、さらに医療、保険、金融、情報技術、製造、高等教育など、幅広い分野の聴衆に向けてスピーチやプレゼンを何百回も行ってきた。それでも当初は、自分の話がはたして聴衆の心に響くのか確信がもてなかったものだ。しかしすぐに、私の経験が共感をもって受け止められるのは、私が天賦の才能には恵まれていなかったからだと気づくことになる。

私はニール・アームストロングではない。レブロン・ジェイムズでも、ジョージ・クルーニーでもない。私たちのほとんどがそうだ。私たちのほとんどが、ここは必ずしも自分のいるべき場所ではないと疎外感を味わった経験に共感する。周囲が何の努力もせず順調に歩んでいるように見えるなか、必死について行こうともがいた経験に共感する。

率直に言えば、生まれつきの才能がないなら努力して手に入れるしかない。ロングアイランドからはるばる宇宙まで、たまたまたどり着いた私の旅は、それを示すまたとない好例だろう。賢く努力する最善の方法を見つけて努力しなければ、私が宇宙飛行士になることはなかっただろうからだ。

講演後に、熱心な大学院生や若い専門家、成功した経営者など、さまざまな人と言葉を交わすうちにわかってきたことがある。それは、人の心に真に響くのは、日常生活に生かせるメッセージやアドバイスが込められた話であるということだ。

こうした手応えがきっかけとなり、私は宇宙飛行をはじめとしたこれまでの人生経験から得た教訓を、もっと幅広い読者と分かちあうために本を執筆することにしたのである。本書は、NASA在籍中とそれ以降に身をもって学んだことを集めたもので、読者がそれぞれの生活や仕事に応用する際の指針も添えている。

本書は、宇宙飛行士になる方法を説いた本ではない。誰もが〝なりたい自分になる〟ために、私が宇宙飛行士として学んだことをどう生かせるかを示した本だ。

人類の月面着陸は、人類の努力の成果の極みであり、私たちが何かを成し遂げるために仲間と協力しあい、全力を注ぐときに到達できる頂点だとしばしばみなされる。今日、政府や組織が不可能とも思える壮大な目標を打ち出すたびに、それを「ムーンショット（月探査ロケットの打ち上げ）」と呼ぶ。

誰もが人生で達成したい、自分なりの「ムーンショット」をもっていることだろう。だが、宇宙管制官の言うように、偉大なことをひとつ成し遂げるためには、実際にはその途上にある無数のささやかな事柄を確実にこなさなくてはならない。本書は、それを実践する方法を示し、あなたの抱く夢や仕事上の目標を実現できるように導くものである。

100万分の1はゼロではない

One in a Million Is Not Zero

可能性は低いかもしれない。でも、とにかくやってみよう。

1992年3月30日の夕方、私はマサチューセッツ州ケンブリッジのマサチューセッツ・アベニューにある小さなアパートの小さなキッチンで、いつもどおり軽食をつまんでいた。卒業を6月に控え、博士論文の仕上げ作業に没頭するための腹ごしらえだ。背後のリビングルームにあるテレビからは、アカデミー賞の授賞式の様子が流れている。司会はビリー・クリスタルだ。放送を聞くともなしに聞きながら冷蔵庫のなかのものを取り出していると、ふとアナウンサーが軌道上にいるスペースシャトルのクルーと生中継でつながっていると言うのが耳に入った。

ニール・アームストロングが月面を歩いたあの日から、少しでも宇宙計画に関連することなら何でも興味をそそられていた私は、手にしていた牛乳とオレオクッキーを置いてテレビに近づき、シャトルからロサンゼルスでの授賞式に送られる映像に見入った。そのコーナーでは、STS－45ミッションのクルーが宙に浮かせたオスカー像を回転させながら、地上にいるプレゼンターたちと軽妙なやりとりを交わしていた。

この大掛かりな宣伝イベントは、NASAの頭のいい広報担当者が計画したとしか思えない。というのも、当時、NASAにはその必要があったからだ。1992年は宇宙計画にとって厳しい年だった。「フリーダム計画」と呼ばれた恒久的な宇宙ステーションの建設計画が、予算削減のあおりで暗礁に乗り上げ、計画そのものを中止する議論さえあった。

1993年になって計画が再設計され、名前が変更された。ここにようやく「国際宇宙ステーション計画」が誕生し、かろうじて議会の承認を得た。しかし問題は、個々の計画だけではない。その年は経済が低迷し、航空宇宙産業もそれに伴って縮小していた。どこもかしこも人員を削減しているような状況だったのだ。

私自身も、精神的にかなり落ち込んでいた。MIT（マサチューセッツ工科大学）に入り博士号取得のために何年も奮闘してきて、ようやくそれを果たせそうになったとき、航空宇宙産業の雇用状況が悪化しているなかで卒業することになったからだ。私の目標は、ヒューストンで宇宙計画にかかわる職を得ることだった。宇宙飛行士になるチャンスにつながればという期待があってのことだ。ジョンソン宇宙センター（JSC）か大手の航空宇宙関連企業で、宇宙ロボットの運用や工学研究に携わる仕事を探したが、雇ってくれるところはどこもない。唯一、見込みのあった石油会社の技術者の仕事は、私の興味からあまりに遠く、また宇宙へ行くという夢からも離れてしまう可能性があった。

ヒーローたちのあとを追って宇宙の軌道に乗りたいという思いは、これまでも心のなかで幾度となく消えてはよみがえっていた。小さいころなら、何でも可能だ。子どもに「大きくなったら何になりたい?」と聞いてみるといい。思わず笑みがこぼれるような無限の希望に満ちた答えが返ってくることだろう。ロックスターや古生物学者、古生物学者のロックスターなど、何でもありだ。

ニール・アームストロングとバズ・オルドリンが初めて月面を歩いた翌朝の、6歳の私がまさにそうだった。学芸会で着たゾウの着ぐるみを宇宙飛行士の着ぐるみにつくり変えてほしいと母に頼み、それを着て宇宙飛行士のスヌーピーのおもちゃを相棒に、月の裏庭をワクワクしながら冒険して素晴らしい夏の残りを過ごした。大きくなったら何になるか、幼い自分にもはっきりとわかっていた。

ところが、残念なことに歳を重ねるにつれて、そうした夢は時に現実と呼ばれるものに突き当たってしまう。学業上のハードルや経済的な制約など、人生を邪魔するあらゆる障害に出くわすようになる。だが、そうした外的な障害よりもさらに厄介なのは、自分で自分に設けた限界に直面するようになることだ。私にとってその瞬間は、8歳のときに訪れた。

週末、父の故郷にほど近いニューヨーク州北部にそびえ立つ山の頂、ハイポイントに登ったときのことだ。農地や田園風景に囲まれたこの山からの眺めは素晴らしかったが、その素晴らしい眺めが私には怖かった。その日、自分は高所恐怖症なのだと気がついた。高所恐怖症の宇宙飛行士なんてありえない。大きくなってもニール・アームストロングには、決してなれないじゃないか。

それから何年ものあいだ、宇宙への夢は膨らんだり萎んだりを繰り返す。完全に失望した時期もあったが、大学4年生のときに宇宙計画の黎明期を拓いたマーキュリー計画に選抜された7人の最初の宇宙飛行士、オリジナル・セブンとテストパイロットたちの活躍を描いた映画『ライトスタッフ』を観て、再び情熱がたぎってくるのを感じた。すぐにトム・ウルフによる原作を読み、映画はVHSテープが擦り切れるまで観た。それなのに、宇宙飛行士に挑戦しなければと心の奥底で強く思っても、またしばらくすると臆病になって怖じ気づく。結局、腰を据えて現実的な仕事に就くしかないと、IBMのオフィスで働くことにした。働き甲斐のある会社だし、いい仕事ではあったが、宇宙飛行士という夢を追うには最適な仕事とは言えなかった。

そんななか、1986年1月にスペースシャトル「チャレンジャー号」の爆発事故が起こる。人生がいかに短いか。愛するものを追いかけて、時に命懸けで自分の人生を生きることがいかに大切か。それらを悟ったことが私に変化をもたらし、宇宙計画でキャリアを追求するきっかけとなった。

そうしてMITとマサチューセッツ・アベニューの小さなアパートに通じる道へと導かれた私だったが、折からの不況で雇用市場は悪化し、宇宙計画の未来も不確実とあって、再び意気消沈した。さらに宇宙飛行士の選抜試験で不合格になってからは、宇宙とは無関係の企業で求人を探し、私の宇宙への夢はまたしても萎んでいった。

そのような状況で偶然目にしたアカデミー賞授賞式。宇宙空間で、笑顔で一緒に浮かんでいるシャトルクルーに私は釘づけになった。ほとんど恍惚状態と言っていい。「自分もその一員にな・・・らなければ」としか考えられず、何よりも宇宙飛行士になりたいと思っていることは明確だった。だが、次の瞬間、別の考えが頭をよぎる。

(おまえには無理だよ、マイク。宇宙飛行士になるなんて、不可能だ)

事実、宇宙飛行士に選ばれる人はごくわずかで、自分が選ばれる見込みは絶望的だ。

(ばかげてる。100万分の1の可能性だなんて……)

だけど、少し考えてみる。MITの輝かしい学位を生かして、宇宙への夢をつなぐために頭を働かせる。

(100万分の1は、ゼロではない)

たしかに0.0000001は、ものすごく小さな数だ。小数点のあとにたくさんのゼロが続いて、最後に1がつく。だが、これは定義上、ゼロではない。ゼロの末尾の1が消えるのは、チャレンジしないときだけだ。物事が本当に不可能になるのは、初めからチャレンジしないか、逆境に直面して諦めるときだけ。諦めてしまえば、結果は明白。100パーセント、目標は達成できない。

その夜、私はほとんど諦めかけていた。もちろん、そんなことはこれまで何度もあった。それでも、素早い思考と意志、そして決意によって、私の100万分の1の可能性がゼロになることはなかった。

＊＊＊＊＊

私が初めてNASAの宇宙飛行士プログラムに応募したのは1989年のことだった。それから待つことおよそ8カ月後に結果が届いた。急ぎ開封した紙にはNASAの公式レターヘッドと「ノー」の文字。もちろんほかの言葉もあったが、「ノー」だけで十分だ。それなら納税者はインク代をいくらか節約できただろう。

1991年、博士号取得に向けて励んでいたさなかに、NASAは1992年宇宙飛行士養成クラスへの応募を受けつけると発表した。「やった。これで卒業したら、すぐにNASAに行ける」、そう考えた私は2度目の応募書類を送った。

アカデミー賞の授賞式を見ながら「100万分の1」の意味に気づいたのは、書類を送った数カ月後のことだ。さらにその数週間後、2度目の応募に対してNASAから正式な返事が届いた。

前回とは別の書類で、上部の日付が違う。それ以外は、2年前に受け取った不合格通知とまったく同じ。それでも動揺はしなかった。挑戦を続けるかぎりチャンスはまだある、と自分に言い聞かせた。

就職での幸運にも助けられた。不況が続いていたにもかかわらず、テキサス州ヒューストンにあるマクドネル・ダグラス・エアロスペース社にリサーチエンジニアとして採用され、ジョンソン宇宙センターから派遣された技術者と協力して、宇宙ロボットに関するプロジェクトに取り組んでいた。

数年後、NASAは宇宙飛行士をさらに募集すると発表し、私は3度目となる応募書類を提出した。すると今度は結果通知書の代わりに、NASAから直接電話がかかってきて、面接に進んだことが伝えられた。1995年宇宙飛行士養成クラスの最終選抜に残った120人のうちの1人。これで合格の可能性が高くなった、と思っていた。

宇宙飛行士の採用面接は、選考委員会でただ面接を受けるだけではない。1週間におよぶ試験と試練が待ち受けている。筆記試験、IQテスト、心理適正検査、チームビルディング、「……の場合は人を殺してもかまいません」というような突飛な問題が満載の倫理テストもある。

さらに、その1週間でさまざまな医学検査を受ける。まるで実験用のラットのごとく、上から下まで検査されるのだ。耳のなかや喉の奥、脳スキャンやCATスキャンに、採血、検尿、検便も。超音波検査ではあらゆる臓器に腫瘍や動脈瘤がないかを調べる。お尻からカメラを入れて内部の検査を受けるのは初めての経験だった。ある日は心臓モニターを装着して、心拍に異常がないか24時間追跡した。身体のどこかに何かしらの不調がないか、くまなく調べられた。検査が終わるまでには、そんなやり方があったのかと思うような方法でつつかれたり、探られたりして、念入りにチェックされることになる。すっかり調べあげるまで、帰してもらえない。

すっかり調べあげられたうえで、……私はまたも不合格となった。不合格となったばかりか、医学的に不適格。理由は視力だった。

私は7年生のころから、視力が悪いことに気づいていた。初めて実感したのは、メッツの試合をスタンド席で観戦したときだ。自分のスコアカードに出場選手を書き込もうとしたところ、グラウンドの向こうにあるスコアボードが読めなかったのだ。その後、眼鏡を作ったものの好きになれず、あまり使わなかった。一度、野球をするときにかけたのだが、ライナーを顔に受けて、鼻を骨折してしまった。

眼鏡はやめたほうがいいということだと思い、それからはほとんどの時間を視界のぼんやりした状態で過ごした。11年生のころには視力がかなり低下し、バスケをしていてもコート上でバスケットゴールを見るために目を細めなければならないほどだった。いよいよ眼鏡やコンタクトレンズを着けるようになり、それからは支障なく過ごしていた。

パイロットや宇宙飛行士の知りあいもおらず、軍や航空業界の出身でもない私は、視力がそれほど重要になる日が来ようとは思いもしなかった。現在ではレーシックなどの手術やほかの手段があり、ＮＡＳＡも宇宙飛行士の選考における視力の基準をすっかり変更したが、当時は宇宙飛行士になるか、軍で飛行任務に就くには、視力１・０か、それに準じる視力が必要だった。

そうとも知らず私は宇宙への夢を追いかけ、夢中になって進み、博士号取得に何年も費やした。視力に問題があるせいで、そもそも選ばれる可能性はないも同然だったという事実に、うかつにも気づいていなかった。

いや、そうではない。むしろ、心の奥底できっぱりと否定していた。視力が問題になるかもしれないと忠告を受けていたにもかかわらず、私は簡単な解決策を見つけたと思い込んでいたのだ。

１９４０年代に、医師が処方しはじめたころのコンタクトレンズは、今日のような使い心地のいい柔らかなレンズではなく、硬いガラスかプラスチックの欠片のようなものだった。医師のあいだでは、そうしたハードレンズをしばらく装用していると、ある日突然、目が覚めたら裸眼でもよく見えるようになることがあると知られていた。

自分でも調べてみたところ、眼球にはレンズの役割のあることがわかった。光が入って、レンズに当たり、屈折して目の奥にある網膜に当たる。正しい角度で網膜に当たれば視力は１・０になり、そうでない場合は近視か遠視のどちらかになるため、光が正しい角度で屈折するように眼鏡やコンタクトレンズを使って矯正する。ハードレンズには角膜の形状を変える作用があり、要するに眼球を平らにして光を屈折させることで、鮮明に見えるようにする。

問題は、コンタクトを外すと数日で眼球が元の形に戻ってしまうことだ。組織が元の自然な形に戻ろうとするからだ。それでもハードレンズを使い続ければ、少なくともしばらくのあいだは眼鏡やコンタクトの補助がなくても視力が回復する可能性があると思われていた。ハードコンタクトレンズを使用して角膜の形状を変える処置は、「オルソケラトロジー」と呼ばれる。

ＮＡＳＡに応募しはじめたころ、私はオルソケラトロジー専門の眼科医を見つけていた。眼科医が処方してくれたオルソケラトロジー用のハードレンズによって、よく見えるようになっていたし、レンズを外したあとも数日はよい状態が続いた。「これで問題は解決した」と自分に言い聞かせはしたが、実際は解決などしていなかった。ＮＡＳＡの基準を満たしていないのだから当然だ。私はただ、永遠に自分の夢にたどり着けなくなることに怯え、真実と向きあうことを避けて、手軽な解決策が見つかったと自分に思い込ませていただけなのだ。

ＮＡＳＡでの1週間の採用面接中にさまざまな心理適性検査や医学検査を受けながら、私は無意識のうちに視力以外に何か異常が見つかってくれないかと願っていた。自分の力では到底対処のしようがない、望みを打ち砕くほどの決定的な何かが見つかってくれないか、と。そして「まあ、人生とはこんなものだ。自分にできることは何もない」と言って、断念できればいいと願っていた。

ところが、そんな幸運はなかった。私は、ものの見事にきれいだった。臓器の状態は良好。お尻も問題なし。聴覚は完璧で、心理適性検査も１００パーセント健全という好成績。ただひとつ、視力を除いては、宇宙飛行士に求められるすべての医学的基準を満たすか、上まわっていた。しかし、視力を1・0に矯正することはできず、裸眼視力も基準値を外れている。さらにオルソケラトロジー用のレンズの影響で、眼球の一部が平らになっていた。すべて欠格事由になる。「この検査結果では――」、航空宇宙医学専門医（フライトサージャン）が私に告げた。「――あなたは選考の対象外。医学的に不適格です」

医学的に不適格、という言葉がただ宙に浮かんでいた。「能力不足」でも「経験不足」でもない。だが、身体的にも遺伝的にも任務に適さない。私の応募書類には「不適格」という大きな赤いスタンプが押されて、終了した。ゲームオーバーだ。

NASAは、応募者が医学的に宇宙飛行士プログラムに不適格だと判明した時点で、選考の対象から外す。応募書類を読みもしない。たとえ私が工学分野で輝かしい成果をあげ、ロボット工学で有意義な発見をしていたとしても、書類には1秒たりとも目を通すことはない。

私は打ちのめされた。ここまで10年だ。人生のうちの10年を、この目標に向かって努力することにかけてきた。怒るべきか、悲しむべきか、苛立つべきか。どう感じるべきか、わからなかった。全身が麻痺していた。100万分の1の可能性がゼロになった、そう思えた。

さらに追い打ちをかけることになるのだが、私は選考結果を受けて、宇宙飛行士選考事務局の事務局長であるデュアン・ロスに連絡をとり、話を聞きたいので訪問させてもらえないかと尋ねた。何か、何でもいい……何でもいいから自分にできることはないかを知りたかった。

デュアンはシャトル計画が始まって以来、宇宙飛行士の選考をとり仕切ってきた。とても温かで寛大な、笑みを絶やさない人物だ。早速、彼の所に寄るように言われ、私たちは膝を交えて話した。彼はこれ以上ないほど親切だった。そして言った。

「マイク、君の検査結果があがってきたとき、私たち全員が心から残念に思ったことを知っておいてほしい。医学検査の失格がなければ君を選んでいたかどうかは、明かせない。だが、話し合いで名前の挙がった1人だったことは明言できる。今回はだめだったかもしれないが、将来の選考では合格しているかもしれない」

それを聞いて、胸が張り裂けそうになった。私は興味を持ってもらえていた。あと一歩というところにいた。合格は目前だったのだ。私は選考委員の宇宙飛行士にも何人か電話して、意見を聞かせてをもらえないか頼んでみた。みんな時間を割いて話をしてくれた。誰も「おい、こんなことをしても無駄だよ。幸運を祈る」とは言わなかった。もしそう言われたら、諦めていたかもしれない。しかし誰もそんなことは言わず、全員が私を呼び出して「いいか、目についで何かできることがあるなら、ぜひもう一度挑戦してみるべきだ」と言ってくれた。

そのときは、どうせだめならはっきり「見込みがない」と言ってほしいと思っていた。「君を合格させたいのはやまやまだった」なんて言われたくなかった。それまでしてきた努力、注ぎ込んできたすべてのものを考えれば、挑戦をやめる気にはなれないと自分でわかっていた。

ならば、やるべきことは、ただひとつ。視力をあげる方法を見つけること、だ。

月曜日の朝、マクドネル・ダグラス社での仕事に戻ると、上司である元NASA宇宙飛行士のボブ・オーバーマイヤーに廊下で偶然会った。

「どうだった?」と、声をかけられた。

「医学的不適格をくらいました」

「視力か?」。首を左右に振りながら、彼は言った。

元海兵隊のテストパイロットだったボブは、視力検査について熟知していた。航空機が空を飛ぶ以上、パイロットや宇宙飛行士に視力検査はつきもので、皆それを恐れて奔走していた。いまでは基準も変わったが、当時のパイロットは検査をかいくぐるために、ありとあらゆる奇抜なことをした。というのも、たとえ世界で最も優秀な、れっきとしたパイロットであっても、100パーセント自分ではどうしようもないこの規定のせいで、ベンチに下げられる可能性があったからだ。ボブは続ける。

「僕も長年、その検査と戦ってきたよ。そのために何をしていたと思う? 身体から水分を抜いていたんだ。いつも検査の予定を月曜の朝に入れて、週末のあいだは飲み物を口にしないようにしていた。そのうえ必死に走って、身体から水分を出しきった。そうすると眼球が乾燥して硬くなり、光がいい具合に屈折するようになるんだ」

「なるほど。わかりました。試してみます」

「よかった。諦めるなよ。もう1回チャレンジすれば、合格する可能性はあるんだから」

その日の午後、ジョンソン宇宙センターで空軍のテストパイロットだった宇宙飛行士のケビン・クリーゲルとばったり会った。私は彼にも医学検査のことを話した。

「あの忌々しい視力検査め」と、彼は言った。「毎度、容赦ないんだよな。でも、やるべきことはわかってるんだろう?」

「それは何でしょうか?」

「とにかく水をたくさん飲むんだよ。できるだけたくさん、何日間も。検査がある日の朝は、トイレも我慢しなきゃだめだ。そうすれば眼球の粘性が増して、光が適切に屈折するようになる」

「わかりました。そうします」

どうすればいいかなんて誰も知らないんだとわかって、実は気が楽になった。ボブとケビンも同じ壁にぶつかった経験があり、それを克服してきた。その事実が私にとっては希望となった。前に進む道を模索しようと覚悟を決めたとき、最良のアドバイスをくれたのは、身近にいた別の宇宙飛行士、スティーブン・スミスだった。

「技術的な課題に対処するのと同じように考えるべきだよ」と、彼は言った。「可能なかぎり、あらゆる情報とデータを集めたうえで、解決にあたらないといけない」

彼の言うとおりだ。それまでの私は、問題に正しい方法で対処してこなかった。この2年、眼科には行っていない。オルソケラトロジーがてっとり早い解決策だと自分に思い込ませていたが、それは恐怖心と向きあうことから逃げるための方便にすぎなかった。オルソケラトロジーに対するNASAの見解を率直に尋ねていれば、もっと情報を得ることができただろうに、目のことを話題にするのが怖かったのだ。目の問題をそっと避けて通ることができると思っていたが、その逆で、真正面から取り組む必要があった。助けが必要だと認めて、助けを得るべきだったのだ。

最初にしたのは、オルソケラトロジー用のレンズを処分して、眼球が自然な形状に戻るようにすることだった。それからスティーブン・スミスのアドバイスに従って、技術者のやり方で問題に取り組みはじめた。調べた結果、視力回復トレーニングと呼ばれる訓練法にたどり着いた。これは目と脳をリラックスさせる訓練法で、見ている対象より遠くに焦点を合わせられるようにトレーニングすることで、対象がより鮮明に見えるようになる。つまり、実際に見え方が改善するための訓練だ。ただし、これには時間がかかる。

それからの7カ月間、私の目標はただひとつ、視力を回復させることだけだ。そこで、視力回復トレーニングを専門とする検眼医のデザレイ・ホッピング博士を知り、予約を取った。初診の際に診察椅子に座る私を見て、彼女はけげんそうな顔をした。

「視力回復トレーニングをご希望ですか?」と、彼女は尋ねた。

「はい!」私は意気込んで返事をした。「何か問題があるでしょうか?」

彼女の話では、視力がまだ発達段階にある子どもしかトレーニングした経験がなく、大人にも効果があるかは確信がもてないとのことだった。私は子どもっぽいので、あなたにとっては10歳の子ども同然ですと請けあった。そうしてなんとか力になってほしいと頼み込み、彼女の同意を取りつけた。

彼女から最初に渡されたのは、矯正不足のレンズが入った新しい眼鏡だ。目の筋肉を強化するために1日中この眼鏡をかけて、もっと目を使うようにする。それから、目の訓練。例えば、異なる間隔でひもに通したたくさんのビー玉をひとつじっと見つめながら、別のビー玉に焦点を移していく。また、さまざまな距離にあるさまざまな視力検査表を見ることで、視力検査表よりも遠くにある点をイメージして焦点を合わせられるようにする訓練もあった。そうすることで視力検査表の文字がはっきりと見えるようになるという。こうした訓練にはどれも深い集中力が必要だ。何分も続けて瞬きもせずに、じっと目を凝らしていなければならない。まるで呪いを込めたまなざしで睨みつけているようだった。

オフィスでは宇宙計画のためのロボット工学の研究に取り組み、その後、帰宅して家族と夕食をとり、娘を寝かしつけてから視力回復トレーニングを行う毎日だった。それでも効果はあった。2週間ごとにホッピング博士の診察も受け、目の状態が少しずつよくなっていった。

息子が生まれた1995年7月ごろには、人生が一変した。アトランタにあるジョージア工科大学で教員の職を得て、東部へ引っ越したのとほぼ同時期に、NASAが予定より1年早く、次期宇宙飛行士養成クラスの募集をすると発表したのだ。私は応募書類に加えて、医学的不適格を覆すために、視力回復トレーニングの進み具合を詳細に記した主治医のレポートも提出した。

そして、その年の9月。引っ越しの荷解きもまだ終わらぬなか、宇宙飛行士選考事務局のテレサ・ゴメスから電話が入る。テキサス州ヒューストンにあるジョンソン宇宙センターに来るようにという連絡だ。応募書類の再検討で、私の書類が有望枠に入っているらしい。航空宇宙医学専門医も視力は十分に回復していると言うので、ぜひとも再挑戦しに戻ってきてほしいと言ってくれたのだ。

ただし、条件がひとつ。医学的不適格を正式に覆すために、航空券を自費負担して、視力検査のためだけに足を運ぶ必要があるとのことだった。合格すれば、また選考に加われる。失格なら、運が悪かった、となる。

10月の第1週、飛行機でヒューストンに出向き、検査を受けた。NASAの検眼医による眼球の形状測定は、異状なしだった。視力も1・0に矯正できて、問題なし。続く裸眼視力の測定は、視力回復トレーニングのテクニックを使って合格。これで適正な応募者の仲間入りだ。

アトランタに帰って大学で2週間教えたのち、ヒューストンに舞い戻った。身体検査、心理適性検査、超音波検査を受け、お尻からカメラを入れられた結果は、すべて問題なし。それでも、まだ不合格になりそうな懸念材料は山ほどある。ともに競うグループの顔ぶれが前回とはすっかり変わっていたし、前年に私より優秀なロボット工学の人材が採用されたかもしれない。それでも私は、自分の可能性に良い感触をもっていた。

週の半ば、私のグループを担当する航空宇宙医学専門医のラニエ・エフェンハウザーのもとを訪ねて話をしたあと、帰り際に「明日は視力検査でお会いしましょう」と言われた。

聞き違いだろうか。

「視力検査ですか？　それなら、すでに合格しています」

「ええ。でも、それは3週間前のことですよね。その後、何か変化があったかもしれません。選考時には検査する決まりなんです」

がっくりしながらも答える。

「でも、検査を受けたばかりですよ……」

「いえ、いえ。あれは正式なものではありません。マイク、申し訳ないが、これはやらなければならないことなのです」

信じられない。腹を殴られたような思いだ。とはいえ、仕方ない。やるべきことをやるまでだ。

翌日の午後、私は航空宇宙医学専門医のオフィスで最後にもう一度、試練に耐えた。検眼医のもとで、緊張して汗をかきながらすべての検査をやり抜いたあと、彼は結果を見せてくれた。

「おめでとう、マイク。合格です。健闘を祈ります」

信じられない。私は呆然として立ち上がれなかった。

翌日、再びラニエ・エフェンハウザーのオフィスを訪ね、ほかのすべての検査結果を聞いた。

「すべて問題なしとの報告です。さあ、すぐに帰りなさい。隙を与えて誰かにケチをつけられる前に、ここを出るんだ」

オフィスから出るとき、私は歩いていなかった。飛んでいた。まさに宙を歩んでいた。すべてが到底ありえない、ばかげたことだと思われた。でも、うまくいった。うまくいったのだ！
奇跡だ。裸眼ではっきりと見えるようになるまで視力を上げるのは、ほとんど不可能に近い。これは人生において、乗り越えられないほど大きな障害はないことの証だった。１００万分の１はゼロではないのだ。

半年後、ＮＡＳＡから良い知らせを受けた。ついに私は、ＮＡＳＡの１９９６年宇宙飛行士養成クラスに合格した！

***

視力に振りまわされながらも再度応募して、何度も目の検査を繰り返していた当時、ある忘れられない瞬間があった。ＮＡＳＡから電話で呼び戻される前のことだ。

ジョージア工科大学で教職を得て、ちょうどアトランタに赴任したばかりのころ、私は工学部でとある同僚と知りあった。彼も宇宙飛行士に応募して面接まで進んだのち、最終的に不合格となったと言う。私の苦労話を聞いた彼は、親切にも私と家族を自宅に招いてくれた。

バーベキューをしながら午後を一緒に過ごすうちに、私は彼がどれほど素晴らしい人物かに気づいた。私とそう変わらない年齢なのに、優れた指導実績と研究計画をもち、終身在職権の取得に向けてすでに順調に歩みを進めている。つまり学術分野でのキャリアは私をかなり上まわっている。素敵な家族と家があり、とにかく好人物という印象だ。正直なところ、私は彼に少しばかり尊敬の念を抱いた。NASAが彼の採用を見送ったのなら、私なんかを選ぶはずがないのは明らかだろう。ハンバーガーのパティをひっくり返している彼に、私は聞かずにはいられなかった。

「また応募しようと思いますか?」

彼は少し間をおいてから手を止め、私のほうを向いて答えた。

「いや、そのつもりはないですね」

「なぜですか?」

「まあ、一度、不合格になったんです。また不合格になるだけですよ」

その返事に私は胸の奥を揺さぶられた。単純にショックだった。彼はもう諦めている。つまり、彼の可能性は、100万分の1からゼロになったのだ。彼の決断にはしかるべき理由があった。宇宙飛行士よりも研究者の道をとることは、悪い選択ではない。ただ私には、実現まであと一歩のところまで近づいた夢を手放すなんて考えられなかった。

近年、私が乗り越えなければならなかった数々の障害について話をすると、「挑戦し続けることができたのはなぜですか? どうして諦めなかったのですか?」と、よく尋ねられる。NASAに応募して、一度ならずも不合格を重ねるのはあまりに苦しく、挑戦を断念する人もいた。彼らのように自分の夢を諦めるなんて私には想像すらできなかった、というのが私の答えだ。100万分の1は、ゼロではない。挑戦するかぎりチャンスは常にある、ということを忘れないでほしい。諦めてしまったら、結果はご存じのとおりだ。

　これは、あらゆる物事に当てはまるルールだろう。NASAを去り、教育とメディアの世界に転身してから、私は何人かのテレビ番組の制作者や放送作家と親しくなった。そのなかのひとりが、人気コメディドラマ『ビッグバン★セオリー　ギークなボクらの恋愛法則』の制作者ビル・プラディである。最近ビルと私、そして別の売れっ子テレビ放送作家で、宇宙関連のコメディ番組をさまざまな制作会社に売り込むことにした。パイロット版の台本を書く契約を取りつけたときは、天にも昇るような気持ちだった。

　私たちはさっそく執筆作業にとりかかり、数カ月の労力を注いでできあがった台本を提出した。ところが、台本を読んだ制作会社に断られてしまった。落胆したが、私の代理人が言うにはテレビ業界では、およそ1000本の売り込みがあるうち、パイロット版の台本執筆の契約に至るのがおよそ100本、そのうちパイロット版が制作・放映されるのはおよそ10本。さらにそこから1シーズン通して連続放送される正式な番組となるのは、おそらく1本だそうだ。

　そう聞くと、ほとんどの人は「そんなの不可能だ」と思うだろう。だが、私は知っている。1000分の1は、実際のところ、100万分の1よりもはるかに大きな可能性だということを。

　そこで私は、執筆パートナーと話しあいながら、台本の推敲に着手した。まだ買い手は見つかっていないが、挑戦をやめる気はない。テレビ番組の台本を書くのも、宇宙へ行くのも、職場で昇進を狙うのも、イケアの家具を組み立てるのも、すべて同じだ。どんなに可能性が低くても、成功するチャンスは常にある。唯一、まったくの失敗と言えるのは、挑戦をやめることだ。成功した人とは、決して失敗しなかった人のことではない。失敗しても、決して挑戦をやめなかった人のことだ。

それに、夢を追い続けていれば、たとえ当初思い描いたような結果が得られなくても、幸せな結末につながる可能性がある。仮に私が宇宙飛行士に選抜されなかったとしても、その過程で得たものすべてが消えるわけではない。それまで蓄積した知識と経験は、宇宙飛行士になれなかったとしても、素晴らしいキャリアへ私の人生を導いたはずだ。しかもチャレンジした夢が実現できなかった唯一の理由が、自分のコントロールをはるかに超えた力のためだと自分で納得できる。つまりは、諦めることに伴う後悔を抱えながら生きていかなくてすむのだ。

夢に手が届きそうにないと感じるとき、また、世界が示しあわせたように自分に意地悪をして希望がないと感じるときには、「100万分の1の可能性はゼロではない」ことを思い出して、次のように自問しよう。

- 自分は最善を尽くしたか？
- 挑戦し続ければ何が起こるかわからないと知っていながら、いま諦めたら、自分は10年後にどう思うだろうか？　20年後は？　50年後は？
- たとえ目標を達成できなくても、その目標に向けて努力することは、結果にかかわらず、いまいる場所よりもよい場所に自分を導いてくれるだろうか？

◯挑戦するのをやめたら、自分の才能や能力を無駄にすることにならないだろうか？

◯自分は他者にどんな姿を見せたいのか？　諦める姿か、それともやり遂げるためにあらゆる困難に立ち向かう姿か？

◯正しい理由で諦めようとしているだろうか？　自分の手には負えない力が立ちふさがっているのか、それとも単に失敗を恐れているだけなのか？

◯この夢を正しい理由で手放すなら、代わりにどんな夢を追求したいか？

そして、覚えておこう。
あなたが挑戦するかぎり、ほんのわずかでも達成するチャンスは常にある。
あなたの夢が実現する日が来るかどうかは、あなた次第だ。

全員が泳力試験に合格するまで、誰ひとりプールを離れない

No One Leaves the Pool Until Everyone Passes the Test

自分ひとりでは、成し得ない。成功も失敗もチームと一緒。

宇宙飛行士候補者として選抜されたというＮＡＳＡからの電話を受けて数日、私は期待と興奮に浮かれて家のなかを落ち着きなく歩き回り、郵便配達員が来たかを窓からひっきりなしに確認した。待ちかまえている郵便こそ、私の生涯にわたる宇宙への旅にとって、次の段階へ進む途方もない一歩となるからだ。

そして、ついにそれが届いた。ある日の朝遅く、郵便配達員を見かけて急ぎ通りに出て、郵便受けからジョンソン宇宙センターからの大きな茶封筒を引っぱり出し、そのまますぐに開封した。

「ああ、すごい。信じられない」

封筒のなかには、1996年NASA宇宙飛行士養成クラスの参加者用資料が入っていた。カバーレターには、NASAが私を迎えるにあたり、どれほど沸き立っているかという輝かしいお祝いの言葉が綴られており、思わず満面の笑みがこぼれる。しかし、次の段落に目を移した瞬間、笑みは消えた。そこには「ヒューストンに到着するまでに、水泳技術を磨いておいてください」という注意事項があった。

「フロリダ州ペンサコーラで実施される、米海軍による水上サバイバル訓練に参加するためには、泳力試験に合格する必要があります」

私は目を疑った。何年にもわたって徹底した面接や侵襲的な医学検査、考えられるかぎり最も広範で多岐にわたる身辺調査を受けてきたが、全選考過程を通して誰ひとり私を呼び止めて「あなたは泳げますか?」と尋ねたりしなかった。もし尋ねられたら、「ええと、それほどは……」と答えていただろう。

その質問が出なかったのは、自転車に乗ったり、ホットチーズサンドを作ったりするのと同様に、一定の基本的な生活スキルは、自立した有能な大人なら当然すでに身につけているものとNASAが考えているからに違いない。ところが、私はそのうちのひとつを習得していなかった。しかも、まったく。

ロングアイランドで育ち、それまでの人生をずっと海に囲まれて過ごしてきたのに、私は水泳が大嫌いだった。緯度が高いため、どんなに暑い夏でも水はたいてい冷たい。少なくとも私には冷たく感じた。ものすごくやせっぽちな子どもで、骨と皮だけの、体脂肪がほとんどない身体つきだったため、プールではいつも震えていた。息ができないし、塩素が目にしみるしで、顔を水につけるのもイヤ。プールパーティーがあるときは、浅くなっているプールの端っこをうろうろするだけで、顔が濡れないようにして、楽しい時間を過ごしているふりをした。

水泳を習おうとしたときには、もう手遅れだった。子どもはまだ水の怖さをよく知らない幼児のうちに、水泳のレッスンを始めるべきだと思う。母が私に水泳を習わせようとしたのは、私が10歳のときだ。1970年代初頭、労働者階級のイタリア系アメリカ人のあいだでは、水泳をする文化がなかった。キャンプもそうだ。私たちにとって「キャンプ」とは、150年前のシチリアに逆戻りして、石を積み上げただけの雨漏りする家でなんとかしのぐようなものだった。そうした経験なら嫌というほどしてきたから、キャンプになど行く必要がない。アメリカでは空調のきいた屋内で、文化的な生活を送れている。水泳も同様だ。海を渡る必要があれば、橋かトンネルを使えばいい。

もちろん、安全という観点から水泳は重視すべきだろう。海で溺れたり、サメに食われたりするのを防ぐには、泳ぎを身につけておく必要がある。だからこそ、母もしまいには強引に私を水泳教室に通わせたのだろう。でも、そのころにはもう、私の気持ちは固まっていた。水泳は嫌いだし、自分には無理。それに、水難事故を防ぐためなら、もっと優れた方法がある。水のなかに入らなければいいのだ！　だから私はそれを実践し、できるかぎり水には近づかないできた。子どもが生まれて、彼らが水泳を始めても、私は長らく水泳から遠ざかっていたくらいだ。

宇宙飛行士養成クラスの選考過程では視力を上げることが大きなハードルだったが、今度はずっと避けてきた水泳が、宇宙飛行という夢の前に立ちはだかる新たな障壁となった。養成クラスの訓練では、射出座席（脱出装置）とパラシュートを装備した高性能ジェット練習機T－38での飛行が課される。そのため緊急事態で海上に着水した場合に備えて、救助隊が到着して救出されるまで水のなかで生き残る術を心得ておく必要がある。またスペースシャトルにも、クルーを海上に脱出させるための緊急脱出システムが装備されている。つまりT－38またはスペースシャトルの搭乗資格を取得するには、宇宙飛行士候補者は水上サバイバル訓練を完了する必要があり、水上サバイバル訓練に参加するには、泳力試験に合格する必要がある。逃げ道はない。

まあ、泳力試験があるという事実だけではそれほど怯まず、私は試験の内容を読み進めた。まず、平泳ぎ、背泳ぎ、横泳ぎでの長距離泳を行う。この3つはまとめて「サバイバル泳法」と呼ばれ、着水の原因となった事故により残骸が浮かんで燃えていないか、水上に顔を出して目を光らせるために必要となる。次に、溺れないように背中を反らせ、水面から口だけ出して肺に空気を少しずつ吸い込みながら長時間浮く。それから、人命救助。水中で動けなくなった、たくさんのジャガイモが入った大袋のようなクラスメイトを安全な場所まで引っ張っていく。

そして最後には、全員がすっかり疲れ果てたところで立ち泳ぎが待っている。ここでは制限時間つきで、3つのセクションに分けられている。最初のセクションでは両腕・両脚を使えるが、

2番目のセクションでは両脚のみ。3番目のセクションでは、笛が鳴るまで両手を水面より上に出して泳がなければならない。

一連の試験はすべて、フライトスーツ、ヘルメット、ブーツ（つま先にスチール製のキャップ入り）を着用したままやり遂げる必要がある。さらに全工程が水から出ることなく次々と実施され、途中ひとつでも不合格になった場合は、最初からやり直さなければならない。

私に幸運あれ。

私は郵便受けを閉じて、家に戻った。胃のむかむかするような恐怖感が何日か続いたが、たとえ何があろうとこの難関を乗り越えてみせるという断固たる決意へとゆっくり変わっていった。不適格となって脱落することを恐れていたわけではない。自分なら最終的にはなんとか合格する方法を見つけるだろうとわかっていた。ただ恥をかくことが怖かったのだ。私の参加する宇宙飛行士養成クラスには、運動神経の抜群にいいテストパイロットをはじめ、軍人タイプが大勢いる。そんな彼らから、インテリぶったオタクが手足をバタつかせてバカみたい、という目で見られたくなかったのだ。でも、そんな恐怖心を抱いたのは、NASAの文化をまだ理解していないせいだ。運動神経抜群の軍人たちは、私を批判するためにプールにいるのではない。ただ私を助けるために、そこにいるのだ。

＊＊＊＊＊

秋になり、NASAに報告するころには、水泳は得意とまではいかなくても、あの手紙を受け取ったときよりはずいぶん上達していた。大学の春学期が修了すると6、7、8月はずっと子どもたちを地元のプールに連れて行っていたので、3歳の娘ギャビーも1歳の息子ダニエルも、すっかり私より上手に泳げる。それでも私は毎日プールに通い、ひたすら練習を続けた。8〜9歳の子どもたちが上手に泳ぐのに交じって、バシャバシャと泳ぐ私に向けられたのは、心の狭い親たちの「変わった人だな。こんなところで何をしてるんだろう?」と言わんばかりの視線だった。

ヒューストンに到着した日、気分は上向いていたが、それでもひとつだけ確かなことがあった。自分はまだ、宇宙飛行士ではないという事実だ。それにはまだ、ほど遠い。そのことは、数カ月前に届いたあの資料に明記されていた。クラスメイトも私も単なる「宇宙飛行士候補者」、あるいは退役軍人たちが好んで呼ぶ「ASCANS《アスキャン》(Astronaut Candidates)」にすぎない。

16回目となったNASA選抜の1996年宇宙飛行士養成クラスには、過去最多となる44名が在籍し、われわれ16期生には「ザ・サーディンズ(イワシ)」というニックネームがつけられた。これからジョンソン宇宙センター内のオフィスに、イワシの缶詰みたいにびっしりと詰め込まれることになるからだ。2年間の訓練を無事にやり遂げれば、晴れて待望の「宇宙飛行士」という肩書を与えられる。

NASAでの最初の1週間は、ほかの職場でのスタートと似たようなもので、人事部に提出する健康保険や退職金制度、チャイルドケアなどに関する大量の書類に記入した。それでもニール・アームストロングに会うことができたのは、地球上のどんな職場とも違う経験のはずだ。

金曜日になり、週末を家族のもとで過ごすために帰り支度をしていたとき、あることを告げるために養成クラスの教育責任者であるジェフ・アシュビーがわれわれの教室にやって来た。ジェフは海軍で中佐の階級にある、経験豊富なテストパイロットだ。養成クラスの先輩でもあり、「ザ・スラッグス（ナメクジ）」のASCANだったことから、自分たちのことを「空飛ぶエスカルゴ」と呼んでいる。彼はNASAに来て短期間で優れたリーダーシップを発揮したことを買われ、私たちの訓練全体を指揮する任務を与えられていた。

「よく聞いて」と、ジェフは言った。「週末にみなさんが家へ帰る前に言っておきます。来週から本格的に訓練が始まりますが、最初のメインイベントは泳力試験です」

うそだろ⁉と、私は思った。何か別のことじゃだめなのか？　数学の小テストとか、物理の試験とか。泳力試験から始める必要が、本当にあるのか？

ここに来てからずっと感じていた喜びは、すぐに悲惨な破滅の予感へと変わった。ジェフは続けて挙手を求める。

「このなかで、水泳が得意なのは誰ですか？」

私たちの養成クラスには海軍で資格をもつダイバーが数人と、トップクラスの水泳選手が何人かいて、その全員が手を挙げた。それからジェフは2つめの質問をする。

「では、もっと大事な質問ですが、このなかで水泳が苦手なのは誰ですか？　嘘はつかないで。

本当のことを知っておく必要があります」

私はおずおずと手を挙げ、ほかにも学者タイプの数人が手を挙げた。そのなかには、親友となるチャールズ・カマーダもいた。彼も私と同じように、ニューヨーク市周辺で育ち、水に慣れ親しんだ経験がなかったそうだ。

ここで、どちらにも手を挙げなかった訓練生は全員、帰宅していいと言われた。しかし手を挙げた訓練生、つまり泳ぎが得意な者と苦手な者はあとに残り、週末にプールで会う日時を調整させられた。泳ぎが得意な者が、苦手な者に力を貸すというわけだ。

「月曜日の泳力試験では、全員が合格するまでプールを離れたくありません」

ジェフの言葉で、自分が新しい世界に足を踏み入れたことを悟った。

アメリカでは小学校でもらう小さな金色の星に始まり、個人の成果に基づいてその人を評価する。個人の成功に報いることは確かに必要だが、それが行きすぎるとさまざまなところでチームワークや集団行動に支障が出る。以前の職場ではまさにそれが常態化していた。弱肉強食の世界が生み出され、誰もが利己的で他者を心から信頼することがない。そして自分を気にかけてくれる人がいないと感じれば、当然のことながら自分で自分を気にかけるしかないため、その傾向はさらに強化されていく。

ジェフが泳力試験について告げたとき、私はすぐに理解した。この世界で肝心なのは、チームとして何を達成できるかなのだ、と。ＮＡＳＡでは軍隊と同じように、自分の命はともにある人に委ねられており、極端な個人主義が入り込む余地はない。もちろん個々に成績がつけられ、専門職の評価も受けるが、評価基準はあくまでもチームにどれだけ貢献できるか。仮にあなたが競泳選手のマイケル・フェルプスで月曜日の泳力試験で世界記録を樹立したとしても、クラスメイトの1人が不合格なら、あなたも不合格になる。あるいは、私の場合では、自分が不合格ならチーム全体が不合格となり、その責任は自分にある。

いまや私はまったく別のプレッシャーを感じていた。自分が恥をかくことなどどうでもよい。それよりもクラスの足を引っ張る存在になりたくないという思いが、新たなモチベーションとなった。

土曜日の朝、泳ぎの得意な者と苦手な者が、クラスメイトのペギー・ウィットソンの家の裏庭にあるプールに集まった。そこでの時間は本当に素晴らしいものだった。海軍のダイバーであるハイディ・パイパーは任務に役立つアドバイスをくれたし、イギリス出身の地球科学者で博士号をもつピアーズ・セラーズは、少年時代に池で平泳ぎをしたときに身につけたという楽な泳ぎ方を教えてくれた。水に入った段階から、批判したり見下したりされるようなことは一切なく、われわれは彼らのお荷物ではなかった。得意な者が苦手な者のために週末の時間を費やすことは不公平などではなく、成功を目指す状況に置かれた全員が、互いに助けあわなくてはという思いがあるだけだった。

月曜日の朝、私たちサーディンズは全員、クリア・レイク・レクリエーション・センターに揃った。ここは公共の屋内プールで、NASAがジョンソン宇宙センターでは行わない、さまざまな訓練を実施するために借りている。更衣室で着替えた私たちは全員、フライトスーツ、ヘルメット、ブーツというフル装備でプールサイドに集合した。最初は少し緊張していた私も、1人ではないという事実があらゆる不安を和らげてくれたおかげで、やがて恐怖も薄れ、むしろ楽しめるようになった。こんな日が来るとは……。私には、43人のチームメイトがついている。

全員がやり遂げるまで、皆、プールから出るつもりはない。

プールの周りでも強い仲間意識があった。私の新しい相棒である海兵隊員のチャールズ・ホーバーは、以前にもこうした類のテストを経験したことがあり、団結心をかき立ててみんなを鼓舞しようとあちこち動きまわって「スコーチ」と呼ばれた。また、マイケル・フィンクはクラスで最年少のASCANということで、「スパンキー」と呼ばれていたが、空軍の所属で軍出身にもかかわらず、泳ぎは私より下手かもしれない。マイクの素晴らしいところは、ユーモアのセンスがあることだ。彼が「いつになったら沈むテストをするんですか?」とインストラクターに尋ねたり、自分の苦労を茶化すおかげで、私も気が楽になった。

さあ、私たち全員での泳力試験が始まった。最初はサバイバル泳法による長距離泳。それから背浮きと人命救助をこなして、最後にへとへとに疲れきったところで立ち泳ぎだ。実際この立ち泳ぎが、私とほかの数人にとって心底きつかった。容赦ない耐久テストで、いつまでも終わらないような気さえする。泳力試験も最後となる、立ち泳ぎ3番目のセクションの開始を告げる笛が鳴って、両手を水から上げたときには、私はすでに精根尽きていた。それでも一瞬でも手が水中に沈んでしまえば、プールのなかにいるクラス全員が、すべての試験をまた最初からやり直すことになる。

必死に両手を上げて足を動かしながら、私はマイケル・フィンクを探した。彼がまだ泳いでいるなら、私も泳ぎ続けられると自分に言い聞かせた。ところが首を伸ばして見まわしても、彼の姿が見えない。と思ったとき、ようやく見つけたのは彼ではなく、彼の手だった。マイクは頭を水面に出せるだけの体力が残っていないのだ。何もしなければ、健康な男性は沈んでしまう。そこで彼は水中で息を止めて必死に足で水を蹴り、10本の指が濡れないように死守している。両手を水面に出せとしか言われていないため、なんとマイクはそれだけに注力しているのだ。その姿を見て、私はこのチームの仲間がどれほど強い決意を持って臨んでいるかを改めて理解した。

ついに、私たちはひとり残らず泳力試験に合格した。

全員が勝者であり、チームとしても勝利したのだ。

＊　＊　＊　＊

それからの数年で、チームとして成功することは、物語の一部にすぎないということを身に沁みてわかっていく。なぜなら、チームとして失敗する仕方を学ぶほうが、よほど重要なのだから。

成功したときは簡単だ。ハイタッチして祝福しあえばいい。だが、物事がうまくいかずに失敗してしまったら、どうするか。1人の人間を犠牲にするのか、それともチームとして団結して責任を負うのか。

私はヒューストンで飛行支援の任務中に、軌道上でミスが起こるのを何度か目の当たりにした。その後クルーがJSC（ジョンソン宇宙センター）に戻り、宇宙飛行士室にミスの報告をする際に、私は問題がどのように処理されるのか気になった。

飛行中に起こったある出来事は、明らかにクルー個人の責任のように思えたので、そのミスがキャリアに影響するのではないかと心配だった。だが、報告のなかでクルー全員が、その出来事について自分の立場での責任を述べていた。彼らは責任を共有し、チームとしてすべてのミスの責任を負うことで、一個人に重荷を背負わせはしなかった。教訓が得られたということになり、キャリアに悪影響はなかった。もしクルーが団結していなかったら、宇宙飛行士としてのキャリアに汚点を残すなど、ずいぶん違った結果になっただろう。

私の2回目の宇宙飛行は、STS－125ミッションだった。これはスペースシャトル計画が完全に終了する前にハッブル宇宙望遠鏡の最後の修理をしようという、NASAのいちかばちかのミッションだった。大気圏に再突入する際の事故で7人の宇宙飛行士が命を落としたコロンビア号の悲劇を受けて、STS－125はきわめてリスクの高いミッションだと考えられていた。

飛行前の最後の記者会見で、成功または失敗の可能性はどの程度だと思うかという質問があったが、友人であり船外活動のパートナーでもあるマイケル・〝ブエノ〟・グッドはマイクを手にして言った。

「何があっても、チーム一丸となって立ち向かうつもりです。私たちはともに成功するか、ともに失敗するかのどちらかです」

ブエノの言葉が試されるときは、すぐに来た。このミッションでは船外活動のたびにハッブル宇宙望遠鏡に思わぬことが起きており、最後の船外活動での最後の瞬間もそうだった。私はそのときシャトル内でペイロードベイのチェックリスト（手順書）に目を通しながら、船外活動をするジョン・グランスフェルドとアンドリュー・フォイステルを見守っていた。2人は長時間におよぶ集中的な作業を終えようとしていた。それは5日間で5回目の船外活動で、これが最終的にシャトルのひとつのミッションにおける船外活動の累計時間のチーム記録を樹立することになる。数々のタスクを無事に完了し、望遠鏡とペイロードベイの閉鎖作業を行って、このミッションを大成功と呼ぶ瞬間はもうすぐだった。

ジョンとドリューの最後のタスクのひとつは、ＬＧＡ（低利得アンテナ）に取りつけた保護カバーを外すこと。およそ30センチメートルの円錐形をしたＬＧＡは、２つある冗長アンテナのうちのひとつで、技術データの送信に使用される。すべての科学データと技術データは高利得アンテナを流れるため、ＬＧＡは重要ではあるが不可欠というわけではない。ＬＧＡの小さな先端はアンテナエレメントを保護する役割があるが、傷つきやすい。そのため修理を始める前に、船外活動をする宇宙飛行士がＬＧＡの先端に誤って接触しないように保護カバーで覆っていた。

船外活動が終わりに近づき、保護カバーも取り外して無事に回収され、ジョンは残りの数分で最終点検に入っていた。これは、夜間飛行中の作業だった。つまり私たちは太陽から離れた、地球の裏側の軌道をまわっていて、視界が限られていた。船外活動をするクルーもシャトル内に残るクルーも、時に文字どおりに互いの背中を見ることが任務のひとつとなる。ドリューはジョンの背後に注意を向けていたが、自分のなすべき任務もある。私はシャトル内の操縦室後方にある窓越しにジョンを見守っていたが、ドリューと同じく、チェックリストの確認も同時に行っていた。

船外活動の手順があとになって変更されたため、望遠鏡が訓練時とは異なる方向に回転し、ＬＧＡも訓練の多くで経験したのとは異なる配置になった。ジョンが望遠鏡に沿って移動したとき、彼のバックパックが保護カバーのないＬＧＡに危険なほど接近した。が、手遅れになるまで誰も見ていなかった。私は完全に見逃し、ドリューは最後の瞬間に気づいた。

「ストップ！　ストップ！　ストップ！」と叫ぶ声が聞こえ、チェックリストに目を落としていた私は急いで顔を上げて何が起こっているのか確認しようとしたそのとき、ジョンのバックパックが円錐形のＬＧＡの華奢な先端に引っ掛かり、小さな破片がドリューに向かって宇宙空間を飛んでいった。驚いたことに、ドリューはそれをつかんだ。

私たちはそろって落胆した。アンテナを修理する方法はない。やってしまった。

ジョン・グランスフェルドが船外活動のリーダーになったのには、しかるべき理由があった。今回のクルーで船外活動の経験が誰よりも豊富だというばかりでなく、望遠鏡の組み立て方や仕組み、天文学と世界にとってのその重要性など、望遠鏡に関するあらゆる面で彼ほど博識な人物はいなかった。彼は訓練でもミッションでも常に仲間の先頭に立って、素晴らしい仕事をしてくれた。私たちクルーはミッションの目的をすべて達成し、期待を上まわる成果を出していた。ミッション中にハッブル宇宙望遠鏡で発生したあらゆる困難を乗り越えたのに、最後の最後にこんなことが起こるとは。

私たちは管制室に起こったことを報告し、簡単な通信テストを行った。その結果、アンテナはまだ正常に動作しているが、損傷した部位に微小隕石が衝突してダメージが拡大するのを防ぐため、保護カバーを再設置するべきだという結論に至った。カバーによってアンテナの通信性能はわずかに低下するが、実際には動作利得の数値の変化はきわめて小さく、問題にはならない程度だ。ジョンはLGAに再度カバーを取り付け、仕上げの作業を終えて、ドリューとともにエアロックに戻ってきた。

2人がなかに入ると、私たちは起こったことについて話しあった。ジョンの声色から、彼が自分を責めているのがわかったが、これは彼のせいでも、ほかの誰かのせいでもない。チーム全体の落ち度だ。そもそも、私たちはその事故を防ぐためにもっとできることがあった。頭の後ろに目をつけることはできない。ジョンがLGAやほかの障害物を避けられるように監視する責任は、ドリューと私にあった。私がもっと注意を払っていれば、ジョンがアンテナに接触することを予測できていたかもしれない。

全員が、クルーの誰か1人に一瞬でも自分を責めさせるような発言はしなかった。誰も犠牲にならないように皆で対処したことを、私は今日まで心から誇りに思っている。成功したときに団結するのは簡単だが、失敗したときにどうふるまうかで、チームとチームを構成する個人の真価がわかる。

その夜、宇宙飛行士室の室長であるスティーブン・リンジーからお祝いの電話があった。船長のスコット・アルトマンがマイクを握り、その日クルーの成し遂げた偉業をスティーブに話した。さらに、ミスが起きたこと、ただしそれは全員のミスだったことにも触れたが、私たちがどのように立ち直ったか、そして一連の船外活動は成功裏に完了しており、ハッブル宇宙望遠鏡に悪影響が出ることはないと説明した。

「ええ、アンテナのことは聞いています」と、スティーブは答えた。「でも、それは大したことではありません。誰にでも起こりえることです。みなさんは全員、素晴らしい仕事をしてくれました。アンテナについて話すのはもうやめましょう」

これで終了した。

宇宙飛行士だったころの、何がいちばん恋しいかとよく聞かれる。私の答えはいつも同じだ。宇宙にいるのは確かに最高の気分だが、それではない。いちばん恋しいのは、あのチームの一員だったことだ。

現在、私はニューヨーク市のコロンビア大学で教えている。素晴らしい大学で、多くの素晴らしい人たちと働いているが、それでもNASAで得られた団結心に匹敵するほどのものを、私はまだ見つけられていない。それは残念なことだ。なぜなら世界は日を追うごとに、より複雑に、より相互依存的になっているからだ。私たちの目の前に広がる最新の技術でつくられたこの世界は、独りで航海できるものではない。いいときも悪いときも団結し、成功すればともに喜び、失敗すれば互いに支えあうチームでしか、進んでいけない。

また、NASAが宇宙飛行士を選抜する際に求めているものについてもよく聞かれる。適切な資格は必要だが、そういった資格をもつ人は大勢いる。それより見つけるのが難しいのは、チームワークの文化になじめる人、自分の個人的な野心よりもチームとミッションの成功を優先する人、チームメイトが苦戦して助けを必要としているときに決して見捨てない人、誰かがミスをしたときやチームが挫折に直面したときにチームを支える人である。こうした資質は宇宙飛行士にとって、いや、どんな業界であれ最も重要だと私は考えている。

私にとって少年時代のフットボールのヒーロー、ジョー・ネイマスはかつてこう語った。「フットボールが私に教えてくれた。人生はチームプレーだ」

宇宙飛行士であるということが、私にもそれを教えてくれた。大学4年のときに、宇宙飛行士になりたいという私の熱望を再びかき立ててくれた映画『ライトスタッフ』に、こんなシーンがある。

ジョン・グレンはアメリカ人として初めて地球周回軌道を飛行する予定だったが、その準備がすっかり整っていたにもかかわらず、打ち上げが中止されてしまう。一方、グレンの家の外で待機している副大統領のリンドン・ジョンソンは、テレビクルーを呼んでグレンの妻アニーと対話する様子を全国放送するように要求していた。しかし、アニーは吃音症《きつおん》でテレビに出たがらない。グレンは妻と電話で話し、君が帰ってと言いたいなら、副大統領にそう言ってもかまわないよと伝えた。それを聞いたNASAの幹部数人が、合衆国の副大統領をそんなふうに追い返すなんてありえないと彼を叱りつけたが、それでもグレンは引き下がろうとしない。すると今度は、従わないなら飛行ローテーションから外して交代させると脅してきた。そのときマーキュリー計画のほかの宇宙飛行士全員がその幹部に詰め寄り、ドナルド・スレイトンが「へえ、そうですか。誰を呼ぶつもりなんです?」と言った。これは「あなた方にはここにいるたった7人の宇宙飛行士しかいないが、我々は全員グレンを支持します」という意味だ。呆然と立ち尽くす幹部に向かって、とうとうアラン・シェパードが「引っ込んでくれませんか」と言い放つ。

この瞬間がすべてを物語っている。これこそがチームメイトに対する態度だ。

私は映画を見て、ただ宇宙に行きたいと思ったわけではない。いいときも悪いときも、いつでも寄り添いあう、あんなチームの一員になりたいと思ったのだ。それこそが、成功するチームの証であり、私は、NASA宇宙飛行士チームと、ミッション達成のために地上で支援してくれた人たちから成る、最高のチームの一員になれたことに感謝している。

もしあなたも人生でそのような経験をしたいなら、次のことを覚えておいてほしい。

◗自分を責めるのはやめよう。アメリカは成功した個人、異彩を放つ発明家、異端の起業家をもてはやすのが大好きだ。しかし孤高の天才などというのは、神話にすぎない。たった1人の人物によって偉業が成し遂げられることなど、ほとんどない。ニール・アームストロングが人類初の月面着陸を果たすには、何千もの人々の協力が必要だった。ニール自身、その事実を広く伝えるための労を常に惜しまなかった。特筆すべきはNASAの歴史上、唯一アポロ11号のミッションパッチにクルーの名前が書かれていないのは、ニールをはじめクルー自身が、ミッションの成功に向けて尽力したすべての人を表現するデザインにしたいと望んだためだという。トーマス・エジソンの発明には、研究室で働く同僚のアイデアや画期的な打開策が欠かせなかった。シェークスピアでさえ、舞台で劇を上演するためには俳優が必要だった。それなのに私たちは、偉大な業績の多くがたいていは共同作業の結果であることに気づかず、彼らの偉業と比べて、へたり込んで、自分の失敗を批判する。そんなことをしないでほしい。自分を責めてはいけない。

◗誰にでも短所はある。自分の短所を補ってくれるパートナーを見つけよう。水泳が苦手なら、水泳が得意なパートナーを見つければいい。そして、助けが必要だと認めることを恥じてはいけない。みんながお互いを必要としていることを認めあえば、チームはもっと強くなる。

◗逆に、自分の長所は何であれ、それを分かちあい、出し惜しみしてはいけない。得意な者が苦手な者を手助けするのは、不公平ではない。なぜなら私たちは皆、得意なところでは手を貸し、苦手なところでは手を借りる必要があり、結果、貸し借りなしになるのだから。

◗どんなときも、チームの手柄にしよう。そもそも、あなたに手柄は必要ないからだ。何をするにしても、もっと大きな目標をいちばんの動機にして行動しよう。例えば、うまく仕事をやり遂げたときの満足感や、人生の大きな目標を実現して得られる達成感、あるいはチェックリストにある仕事をこなすだけでも得られる達成感を原動力にするのだ。認められて有名になりたいという理由で、ただ称賛を得るために何かをしているとしたら、そんな動機は間違っている。世間から称賛を浴びるのは確かに悪い気はしないが、チームと功績を分かちあっても、まだ十分すぎるものがあなたには残る。ほんの少しの栄光と、あなたを支えてきてくれた多くの友人。それがあなたの望むところだ。

何か得意なことがあれば、あなたの才能を必要としている人たちと分かちあおう。何か苦手なことがあれば、助けが必要なことを認め、他者に助けてもらうことを恐れてはいけない。誰でも自分の弱さを認めたくはないが、チームをつくるには、お互いを必要としていることを認めあうことも求められる。そして、重要なのはチームとしての成功だ。チームの成功は、あなたの成功である。

私たちが暮らす複雑な世界では、自分1人で大きなことを成し遂げるのは不可能だ。仕事でも私生活でも、人生の冒険を1人で乗り越えていける人はいない。自分のチームを見つけて、まわりに集め、しっかりと抱きしめよう。

声をあげよう

何か過ちに気づいたときや、自分が過ちを犯したときは周囲に伝えよう。

Speak Up

アポロ時代、有人宇宙飛行計画を拡張して軍での飛行経験がない民間人も宇宙飛行士に含めるようになったとき、NASAはひとつの大きな問題に直面した。

「パイロットを訓練して、科学者にするべきか。それとも科学者を訓練して、オペレーターや副操縦士にするべきか」

NASAは概ね、その両方を行うことに決めた。それにより、私のような民間人のASCANは軍の使用する高性能ジェット練習機T－38の後席で、毎月数時間の宇宙飛行準備訓練を受けることが義務づけられた。

いくらシミュレータで操縦の練習をしたとしても、心の奥底ではいつでもそこから逃げ出せるとわかっている。だが、実際の機体の操縦訓練となれば現実の危険と遭遇することになる。宇宙で直面するであろう生死を分ける状況で、どのように行動すべきかを学べるのだ。機長が前方のコックピットで機体を操縦し、民間出身のミッションスペシャリスト（搭乗運用技術者）が後方でナビゲーションと無線通信を担う。この状況での訓練飛行で協力しあうことも学べる。また、宇宙での管制センターとのやりとりと同じように、管制塔との交信の仕方を学び、実際の緊急事態に対処する方法を身につける。そうした訓練は、時に命の危険と隣りあわせだ。

T－38の飛行訓練では前と後ろの人間で、経験値に途方もない差のある場合がある。私の最初の飛行がまさにそうだった。同乗者はクラスメイトのジム・〝ベガス〟・ケリー。彼は空軍の戦闘機パイロット兼テストパイロットで、35以上の機体で３８００時間以上の飛行経験があった。それにひきかえ当時の私は、それまでジェット機に限らず高性能航空機での飛行経験が10時間にも満たない。

私たちの旅は、ヒューストンのエリントン飛行場からサンアントニオ郊外のラックランド空軍基地まで行って帰るという短い往復だった。ベガスが夜間飛行の累積時間を増やしたいと考えていたため、その日の終わりに出発して日没後に戻ってくる計画だ。サンアントニオへの飛行は順調だった。ベガスは人懐こく楽しい若者で、まるで円陣を組んで「元気出そうぜ！　俺たちなら、できる！」などと檄を飛ばす、高校のフットボールチームのキャプテンのような明るい性格だ。

その日の午後はとりわけ気乗りしたらしく、私が副操縦士として向上できるように、自分の知識や経験を話して助けてくれた。ラックランドに着陸すると燃料を補給して、休息をとり、帰りのフライトに備えた。

機体を滑走路へ移動させる準備ができたころには、夜になっていた。暗い夜間の飛行は常に難度が高く、混乱を招きがちだ。夜間に車を運転するのと同様に、視界が悪く、状況を把握しきれなくなる。副操縦士としての私の責務のひとつは、管制塔に連絡して離陸許可を求めることで、そのやりとりには、上昇する高度、使用する無線の周波数、とるべき機首方位、つまり離陸後に飛行するコンパス方位などの情報が含まれていた。

この夜、機首方位について管制塔から最初に受けた指示は、「離陸後、機首方位350度に旋回」だった。私はそれを書き留め、管制官に復唱して、離陸時にベガスが確認できるようにフライトコンピュータに入力した。

その時点で、滑走路への移動は許可されていたものの、離陸許可はまだ下りていなかった。その後、管制塔が離陸許可を出したとき、新しく別の方位が指示された。「離陸後、機首方位170度に旋回」。私はその新しい機首方位を管制塔に復唱して確認し、ベガスのフライトコンピュータに入力した。

ベガスがアフターバーナーを点火して、滑走路を走りはじめる。速度を徐々に上げ、ゴーサインに達すると操縦桿を引いて、機首を地面から離した。私は機体が高度を上げていることを確認して、ベガスに着陸装置を上げる許可を出した。

暗い夜空をぐんぐん上昇しながら、ベガスは指示された機首方位へ旋回を始めた。ところが、新しく指示された170度ではなく、最初に指示された350度へ向かっている。私は戸惑ったが、経験豊富で熟達した技量をもつベガスに対して、コックピットのシートベルトはかろうじて着用できるという私は、何も言わなかった。彼は自分でわかって操縦しているのだろうし、私のほうが何か勘違いをしているに違いない。

最悪な思い込みだった。

ベガスが誤った方位へ旋回してから数秒後、管制塔の管制官から無線が入った。

「NASA955便、いますぐ右へ旋回！　直ちに機首方位170度に右旋回‼」

ベガスはすぐさま機体を右へ旋回させ、正しい方位へ向きを変えた。私がどんなミスを犯したかを直感的に察知したようだ。私たちは別の航空機に突っ込んで空中衝突を起こすところだった。機首方位が変更されたのは、同じ飛行経路で着陸に向かう機体がほかにあったからだ。

「ふう！」ベガスは正しく方向転換させてから言った。「いったいあれはどういうことだったんだ？　管制の指示は、違う方位だったのか？」

「ええ」と、私は言った。「管制塔が滑走路で指示を変更したんです」

「そうだったの？」

「フライトコンピュータを見てください。そこで私が変更しています」

ベガスはしばらく黙った。

「俺が間違った方向に進んでいることに気づいていながら、何も言わなかったのか？」

「はい」私は恐る恐る答えた。「わかってやっているのだと思いました」

それが、その夜コックピットで交わした最後の言葉となった。ほかにはフライトを無事に完遂するための必要最低限のやりとりだけ。雑談も冗談も、世間話もない。あくまで用件のみの会話で、なんとも気まずかった。心のなかでは自分のせいだとわかっていたが、そのことは流して気持ちを切り替えてやっていきたいと思っていた。

しかし、私たちはそうしなかった。エリントンに着陸するとジェット機を停止して、コックピットのキャノピーを開け、機体から出て、それぞれに梯子を下りた。両足が地面についた瞬間、顔を上げると、ベガスがひどく真剣な表情で私の目をまっすぐに見つめていた。彼はわめき散らしたり、怒鳴ったり、癇癪を起こしたりはしなかったが、私が一緒に飛び立った、あの人懐こくて愛想のいい男は、もういなかった。

「今夜のことから君がいちばんに学ぶべきは」ベガスは力を込めて率直に言った。「何かおかしいかもしれないと思ったら、声をあげないといけないということだ。変更後の方位を見落としたのは、俺のミスだ。それは俺の責任だし、そのせいで2人とも死ぬ可能性があった。でも、俺たちが今夜、危うく死にかけたのは、君が声をあげなかったせいでもある」

私はうなずいた。彼が言っていることの重みがひしひしと身に沁みて、ひどく落ち込んだ。

「なあ、マス（マッシミーノ）。俺の飛行時間が数千時間で、君がたったの数時間でも、そんなことは関係ない。君は声をあげないといけないんだ。間違っていてもかまわない。俺が状況を見て、それが間違いなら、間違いだと伝える。それでも、俺は声をあげてくれたことに感謝する。わかったか？」

「わかりました」

教訓が得られた。

＊ ＊ ＊ ＊ ＊

新人や門外漢という立場は、決して居心地のいいものではない。緊張するし、不安にもなる。難題がもちあがれば、たいていは黙って経験豊富な人に従い、自分の足場が固まるまで意見するのは控えるのが常套だろう。だが、それこそ間違っている。とりわけ、正当な懸念事項を見たり聞いたりした場合はなおさらである。

コックピットでのコミュニケーションの必要性について、ベガスをはじめ、フライトをともにしたパイロットたちは、よく私に言ったものだ。発言するべき適切なタイミングはわかるだろう、「首筋に鳥肌が立ったら」あるいは「胸騒ぎがしたら」声をあげるべきだ、と。どんな職場の、どんな状況でも同じことが言える。たとえ間違っていたとしても、そうした直感を信じるほうがいい。声をあげて間違うほうが、黙っていて不幸が起こるよりはましだ。

じつのところ、新人や門外漢の意見は妥当なだけでなく、観察力がチームで最も鋭いことも少なくない。というのも彼らには学ぼうとする姿勢があり、アンテナが立っているからだ。対するベテランは、環境への慣れにより物事を見落としやすく、しばしば悲惨な結果につながってしまう。だからこそ、安全やミッションの成功にかかわる場合は、誰にでも発言権があるのだ。NASAではそうした考えが支配的な倫理観となっている。私はベガスのおかげで早い段階でそれを学ぶことができ、その日から決して忘れることはなかった。

数年後、この教訓がどれほど身に沁みているかを行動で示す機会があった。その日、私は研究開発および教官パイロットのビル・エーレンストロムと一緒に飛行訓練をしていた。ビルは元空軍パイロットで、軍とNASA合わせて何千時間もの飛行実績がある。

私たちはケープ――KSC（ケネディ宇宙センター）が建設された岬のケープカナベラルを省略してKSCをそう呼ぶ――に向かっていた。ケープまでの飛行は、すべてが順調だった。ところが帰路、飛行開始から30分が経過したころ、急にコックピット内で会話が聞こえなくなった。私にはビルの声が聞こえず、彼にも私の声が聞こえない。無線が完全に故障したのだ。無線なし（No Radio）。パイロットが「ノード（NORDO）」と呼ぶ状態だ。機外と交信できないばかりか、機内で会話することもできない。

飛行中、私たちは手信号を使ってコミュニケーションをとった。私には前にいるビルが見えたが、ビルはコックピットの鏡を使って後ろの私を見る。ただし、航空交通管制とはまったくやりとりができないため、管制官に私たちの声は届かず、私たちにも彼らの声が届かない。そこで、トランスポンダーを、コード7600に設定した。管制官に私たちが無線なしで飛行していることを知らせるコードだ。それから、チェックリストでやるべきことを確認した。

ノードに陥った際の標準的な手順では、離陸前にあらかじめ管制官に提出した飛行計画に沿ったルートを飛行する。私たちは給油のためにニューオーリンズ空港に寄航することになっていた。ところが、ビルがカードを取り出してメッセージを書き、肩越しに掲げて見せてきた。そこには、ニューオーリンズ空港は交通量が非常に多いため、代わりにルイジアナ州ニューイベリアのアカディアナ空港へ向かうべきだとあった。アカディアナは、ケープと往復する際によく寄航する空港だ。機体に給油するFBO（運航支援事業者）の施設で食べるケイジャン料理が私たちは大好物だった。安全性の観点からもアカディアナに向かうのは理にかなっていた。管制塔の管制官はNASAの練習機になじみがあるし、空港もニューオーリンズほど混みあっていない。私はビルに親指を立てて賛意を示し、フライトコンピュータがアカディアナへ誘導するように変更した。

フライトコンピュータは新しい航路を示したが、高度は変更されないため、手動で設定しなければならなかった。ビルが高度監視警報システムに新しい高度を入力し、その高度まで降下した。無線はなく、操縦はビルがするため、私にできることはあまりない。そこで航空図を見て、いま飛んでいる新しい航路について何か有意な情報がないか確かめることにした。パイロットからジャガイモ袋と呼ばれる役立たずの副操縦士みたいにただ座っているよりは、貢献できるように思えたからだ。

アプローチ・プレートを見ながら、アカディアナ空港の承認されている進入ルートを確かめていると、私たちの経路に警告空域があることに気づいた。最低安全高度の設定された高高度気象観測気球がケーブルで係留されており、気球やケーブルとの空中衝突を避けるために、その高度を下まわることはできない。高度監視警報システムに目をやると、ビルの設定した高度は気象観測気球の最低安全高度よりもかなり低く、しかもすでに降下中だった。私はすぐにわれわれのコックピットを隔てるプレキシガラスを叩いた。ビルが気づくと、私は進入図を掲げて障害物を指さした。ビルは自席で進入図を素早く確認し、すぐに安全な高度まで上昇を始め、私に親指を立てた。

アカディアナ空港まで来ると、最終進入する前に滑走路の上空で翼を揺らして管制塔に到着を知らせ、空港の交通状況を目視で確認。そうしてまた滑走路に向かい、無事に着陸した。機体から降りるとビルが近づいてきて私に握手を求め、私が声をあげたおかげで命拾いできたと言ってくれた。

そのフライトでの私の行為は、コックピットの後席搭乗者にとって正しい行動の例として、毎年の安全訓練に組み込まれるようになった。ジャガイモ袋のようにただ後ろに座るのか、声をあげるのかは、自分が決めることだ。

どのような職場環境でも、何か過ちに気づいたときに声をあげることは重要だ。それだけではない。自分が何か過ちを犯したときにも声をあげることは必須であり、そこが本当に大変なところだ。

NASAの文化では、安全にかかわる出来事、「危機一髪」と言われるようなこと、ミスや誤算によって危害が及ぶ可能性のある事態などが発生した場合にはいつでも、宇宙飛行士は声をあげることが求められる。その件にかかわった宇宙飛行士は、月曜の朝のミーティングで宇宙飛行士室全体に事実関係の簡潔な説明をしなければならない。教会へ罪を告白しに行くようなものだが、それよりも恥ずかしい。というのも、匿名で個人的に司祭だけに打ち明けるのではなく、同僚の前で公然と自分の過ちを包み隠さず白状することになるからだ。

私が初めて目の当たりにした公開の告白では、パイロットのひとりがタッチ・アンド・ゴー（編註：飛行機が着陸したあと、直ちに離陸する連続離着陸訓練）のあとに着陸装置を上げるのが少し早すぎたという話をした。私たちはエリントン飛行場にある本拠地に着陸するたびに、ジェット機に余分な燃料が残っていれば、できるだけ多くタッチ・アンド・ゴーの練習をした。高速で高重力旋回し、エンジンの轟音でご近所を目覚めさせる。これほど楽しいことはない。ところが、こ

＊
＊
＊
＊
＊

のときのタッチ・アンド・ゴーの1回で、そのパイロットは、練習機を無事に滑走路に着陸させたあと、アフターバーナーを点火して、機首を上げ、場周経路をもう1周しようとしたが、着陸装置を上げるのを少し焦ってしまった。そのため、機体に過大な抗力が生じて、ジェット機は落下し、翼端が高速で滑走路に衝突した。幸い、パイロットは機体をもち直して離陸することができ、けが人もいなかった。ただし、機体が損傷した。翌週月曜の朝のミーティングで一部始終が告白されたが、すべては許され、関係したパイロットだけでなく宇宙飛行士室の全員がよい教訓を学んだ。

このような告白をするのはきまり悪いが、チームが安全に活動するためには欠かせない。だからこそ、決して誰かが責められるということはなく、どんなときも許された。むしろ許されない唯一の罪は、何かを隠そうとすることだ。どんな類のものであれ、ごまかし、言い訳、責任転嫁をすれば、信用できない人物だとみなされる。そして、発覚したときには重大な結果を招く。

私がNASAに入る前の出来事で、伝説のようにベテランから新人へと語り継がれている「決してしてはいけないこと」の教訓話がある。深夜に、あるパイロットが不慣れな空港に寄航して、誤って誘導路から外れ、T－38を舗装されていない地面に突っ込んでしまった。誰にでも起こりえるが、ちょっと恥ずかしくて人には言いたくない類のミスだ。それでも正直に打ち明けなければならない。舗装された道から外れると車輪収納部に小石や土が残ってしまい、次にその機体を操縦する際に、着陸装置に深刻な問題が生じる可能性があるからだ。声をあげないせいで、次に訓練する人の命を危険にさらすことになる。ところが、この宇宙飛行士はまさにそれをした。起こったことを報告せず、何も言わないという選択をしたのだ。

地上クルーが、別のパイロットによる次のフライトに備えて機体の点検をしていたとき、その痕跡が見つかった。エリントン飛行場のクルーチーフが、車輪収納部の1か所が小石と土で汚れていることに気づいた。この機体は、舗装された道から外れて走行した。その痕跡を発見した献身的なクルーチーフがいなければ、どうなっていたかわからない。

そのパイロットのしたこと、より正確に言うと、しなかったことは決して許されなかった。その一件で信用を失った彼はキャリアに終止符を打つことになり、宇宙へ飛び立つことは二度となかった。

この発言ルールは誰にでも当てはまるが、新人にとってはとりわけ重要だ。そのためチームリーダーやベテランは新人が萎縮することを理解して、発言できるように常に促し、新人が声をあげたときは、たとえ意見が的外れであっても積極的に褒めるのがよい。的外れな意見に対して、「君は間違っている。私を煩わせないように、黙っていてくれ」と言うのは適切ではない。むしろ、こう言うべきだ。

「君の言いたいことはわかるけど、実際はそうじゃない。なぜなら、XやYやZだからだ。でも、発言してくれてありがとう」

「ありがとう」は、特に大切だ。どんなときでも、コックピットで「ありがとう」と声をかけあうのはいいことだと昔から言われてきた。相手の協力に、感謝の気持ちを示す言葉だ。よいリーダーは、全員に発言を促す。次に発言するときには、正しい判断ができるかもしれないからだ。その過程で何度か誤報が生じても、悲劇より誤報のほうがましというものだ。

そして最後に、これはもちろん全員に当てはまる——ほかの人が発言する際は、耳を傾けること！　私は何年もかけて経験を積みながら、新人のASCANからベテランの船外活動者へと成長したが、その過程では経験豊富な宇宙飛行士や技術者が私の意見やアイデアに耳を傾けてくれていたことにいつも感謝していた。的を射た意見もたまには言ったが、的外れな意見もたくさん言った。だからこそ自分が宇宙飛行のリーダーになる日が来たら、新人の宇宙飛行士の考えに常に耳を傾けようと決めていた。特に、これまでそうしてきたというだけで採用されている慣習や手順に対して、斬新なアイデアをもっている場合はなおさら聞いてみたいと思った。そうして、新鮮な視点がしばしば最良の視点であることを、私は身をもって学んでいった。

私にとってハッブル宇宙望遠鏡への2回目のミッションとなったSTS－125では、望遠鏡のジャイロスコープ、つまりRSU（速度センサー装置）の取り外しと新しい装置の取り付けが私の主な任務のひとつだった。RSUの交換は、以前2回のハッブル宇宙望遠鏡修理ミッションですでに成功していたが、かなり厄介な手順だ。ジャイロスコープとスタートラッカーを備えたナビゲーションエリアという、望遠鏡内部の最も繊細な部分に慎重に入り込む必要がある。私はそこでRSUからケーブルを取り外し、望遠鏡の外側にいる船外活動のパートナー、マイケル・グッドに手渡すことになっていた。続けて繊細な機器にぶつかるのを避けながら、新しいRSUを望遠鏡のなかに慎重に取り付ける。

ナビゲーションエリア内でRSUを出し入れするのは、ひやひやする作業だ。手の届く範囲と視界が制限されたなかで移動するのは困難をきわめ、3センチも離れていないスタートラッカーに少しでもぶつかれば、望遠鏡が使い物にならなくなる恐れがある。望遠鏡の位置決め装置に当たって狂いが生じれば、望遠鏡は宇宙の狙った場所をとらえる精度を失う。まるでオペレーションという種目の試合をするようだ。ただしミスを犯すと、大きなブザーは鳴らない代わりに、10億ドルのハードウェアが壊れる。それにもかかわらず、過去にこの方法で実績があるという理由で、私たちは全員、このやり方を受け入れていた。

いや。正確には新人の1人を除く、私たち全員だ。

アンドリュー・フォイステルは、STS−125ミッションに配属された駆け出しの船外活動者だった。宇宙飛行士室には、その数年前に加わったばかりだ。ほかに言いようがないから言うが、ドリューは少し変わっている。これは、非常にいい意味でだ。彼は、世界をもっぱら独自の視点から見るのだ。大学時代は自動車整備士の道を突き進み、機械に関することなら何でも天才的。同じ機械を見ても、私にはただの機械でしかないが、ドリューには芸術作品となる。いまでは私の親友のひとりだが、彼は最終的に宇宙飛行士室の室長、親分、ボスになった。

船外活動の訓練は、NASAのNBL（Neutral Buoyancy Laboratory：無重量環境訓練施設）で行われる。幅30メートル、長さ60メートル、深さ12メートルの巨大なプールだ。宇宙服を着て潜水し、まるで宇宙遊泳するように水中遊泳しながら、きわめて忠実に再現された実物大の模型や工具を使って訓練することができる。

NASAに初めて来たとき、この訓練施設は「ビッグ・ジャイアント・プール」という名前のほうがふさわしいのではないかと思ったものだが、次第にラボラトリー（実験室）と呼ばれる理由がわかってきた。ここは船外活動に伴う困難な課題の解決策を探ることを目的としており、そのための設備が整っている。新しいアイデアを試し、実験する場なのだ。

ドリューは課題を見ると、それを解決し任務を完遂する最善の方法をほとんど直感的に把握することができた。そのため、NBLで私とブエノがこのばかみたいに危なっかしいRSUの交換作業を訓練しているのを見て、問題点にすぐに気づき、やるべきことをした。そう。彼は声をあげたのだ。

彼はRSUを望遠鏡から出し入れするのは難しいだけでなく、非効率的で危険性も高いと指摘し、さらに息子たちのおもちゃにヒントを得た新しい工具のスケッチを描いた。彼が「グラバーツール」と呼ぶその工具を、ジョン・グランスフェルドは「ピックスティック」と名づけた。似た名前がついた子どものおもちゃと同じような働きをするからだろう。ピックスティックを使えば、船外活動者は望遠鏡の外側にいながら古いRSUを取り出すことも、新しいRSUを差し入れることもできる。交換作業を望遠鏡の外側から行えば、より簡単に、素早く、そして安全に任務をこなせるようになるはずだ。

ドリューの提案は、20年におよぶハッブル宇宙望遠鏡の船外活動訓練に反する内容だった。彼が最初に提案したとき、私は懐疑的だったし、ほかにも疑問視するメンバーはいた。しかし、新しいアイデアに耳を傾け、最後までじっくり話を聞くことが重要だということもわかっていた。全体像を聞かないうちに、創造性を潰してはいけない。

ドリューのアイデアは理にかなっており、しっかり検討したうえで、評価する価値もあった。技術者たちはおもちゃ屋に子ども用の工具を買いに行き、発想の確認を簡単にしたのち、NBLで使用する試作品を開発した。それは、ドリューの予測どおり、すこぶるうまく機能した。実際に宇宙でも使用したが、うまく機能した。新人が声をあげ、チームの経験豊富なメンバーがしっかり耳を傾けたおかげで、改善された新しい手順が採用され、功を奏したのである。

では、世界中の新人が声をあげるようにする最良の方法は何か。それは、動機づけだ。報酬やインセンティブは、目を見張るほどの効果がある。フランク・セポリーナはハッブル宇宙望遠鏡の修理ミッション責任者で、私は彼を「ハッブル宇宙望遠鏡修理のゴッドファーザー」と呼んでいたが、彼は発言を促すという考え方そのものを新たなレベルに引き上げ、技術者たちに挑戦状をたたきつけた。

「新しい技術や工具を用いて船外活動の時間を1分短縮する方法を考え出したら、個人として特別に評価します」

私はこの考え方が大好きだ。新しいアイデアを提言した人に報酬を与え、ちょっとした競争で意欲をかき立てて、アイデアがわき出るようにする。

とはいえ、ひと筋縄ではいかない。沈黙を破ることがどうしようもなく苦手な人もいる。発言することに慣れず、言いたいことがあってもためらってしまうような瞬間に思い出してほしいことを、以下のリストに挙げる。

- 何かがうまくいっていないことに気づいたり、嫌な予感がしたりしたときには、すぐに自分の懸念を声に出して伝えよう。結局は何でもなかったとしても、あがった声に耳を傾けたほうがチームはいい状態になる。
- ミスを犯したときは、穴に入って隠れたくなるかもしれない。だが、それとは逆のことをしなければならない。ミスを認め、チームメイトが同じミスを繰り返さないように、自分の学んだ教訓を分かちあおう。くれぐれもミスを隠そうとしてはいけない。
- 新人であるがゆえに気後れしても、経験の浅い視点は新鮮な視点でもあるということを覚えておこう。何度も繰り返され受け入れられている慣行を、絶えず新しい視点から再検討して、丁重に自分のアイデアを提案しよう。

◯チームリーダーであれば、どんなときも新しいアイデアを歓迎しよう。そして、ただ歓迎するだけでなく、提案を呼びかけ、募り、促そう。罰を恐れることなくミスを認め、改善方法を提案して共有できる文化をはぐくもう。

◯誰かが何かを指摘してくれたときは、いつでも「ありがとう」と伝えることが何よりも大切だと覚えておこう。

すべての問題がコミュニケーション不足によって生じるわけではないし、指摘があっても問題に対処しきれない場合も多い。それでも何かあれば声をあげ、声をあげる人には耳を傾けることを忘れてはいけない。

訓練を信じ、装備を信じ、チームを信じよう

Trust Your Training, Trust Your Gear, and Trust Your Team

そして、忘れてはならない……。
ほかの誰かに任せた仕事でも、最終的に責任を負うのは自分自身だ。

2002年3月1日午前6時22分、私はスペースシャトル「コロンビア号」に搭乗し、初めて宇宙へ飛び立った。STS－109ミッションで、ハッブル宇宙望遠鏡の4回目の修理とアップグレードを行うという使命を帯びていた。

私たちは夜中の午前3時ごろに発射台に到着しなければならず、睡眠時間の過酷な変更を強いられた。午後1時ごろに就寝し、午後9時には起床して出発の準備をするスケジュールだったが、私はというとNASAケネディ宇宙センター内にある宇宙飛行士宿舎で眠るというだけで興奮していた。そこはニール・アームストロングをはじめ、宇宙飛行士のレジェンドたちが打ち上げ前

日に眠ったのと同じ場所だ。私は彼らと同じダイニングルームで朝食をとり、彼らと同じスーツルームで宇宙服に着替え、同じ廊下を歩いて同じエレベーターに乗り、同じドアから出る。外に出るとエアストリームの銀色のキャンピングカーを改造したアストロバンに乗り込み、子どものころにテレビで見た、私のヒーローたちが月へ旅立ったのと同じ発射台まで向かう。

その夜、私たちを乗せたバンが近づくにつれ、スペースシャトル「コロンビア号」はみるみる大きくなった。通常なら整備構造物に囲まれ隠れているが、いまやすべて開かれ、完全に姿をあらわにしている。漆黒の空を背景に巨大な投光照明にこうこうと照らされたコロンビア号は、宇宙へ向かう準備万端だ。

発射台のすぐそばで運転手が車を停め、私たちを降ろす。いつもはさまざまな活動や見学者でにぎわっている発射台が、いまは人影もなく静まりかえっている。というのも、タンクにはすでに燃料が入っているからだ。液体水素と液体酸素——ロケット燃料だ。それらは発射の数時間前にタンクに注入される。そして、ひとたび燃料が注入されればシャトルはいわば巨大な爆弾と化す。そのため、エリア内から人が遠ざけられるのだ。残った数人の技術者が私たちにシートベルトを締めたのち、私たちを運命に委ねて去って行く。

アストロバンを降りると、シャトルから煙のようなものが噴き出ているのが見えた。極低温の水素と酸素によって立ちのぼる細かい水の粒で、シャトルは噴火寸前の火山のようだ。加えて、この世のものとは思えない金属的なうなりやうめきを響かせている。冷たい燃料のせいで発射台の金属構造がひずんできしむ様が、まるでコロンビア号が地上から飛び立つのを待ちながら、苦痛に悶えているかのようだ。怒っているようにも、生きているようにも見える。野獣のようでもある。この日が来ることを何年も夢見てきたのに、と私は思った。

「うーん、こんなことが頭に浮かばなければよかった……」

宇宙飛行士として怖い思いをしたことはあるか、と聞かれることがある。答えは「イエス」だ。そしてこのときが、まさにそうだった。怖さが募り、思わず辺りを見まわしてアストロバンを探したほどだ。宿舎まで乗せてもらって軽食でもとれないかと思ったが、運転手は手際がよく、すでにさっさと帰ってしまっている。代わりにばかでかい武器を携えたSWAT（特別機動隊）の男たちの姿が見えた。

世界貿易センタービルとペンタゴンが攻撃された9・11事件からわずか6カ月後とあって、警備が大幅に強化されていた。だが、あのSWATの男たちを見たとき、自分のほうに武器を向けているように感じた。テロリストを警戒しているのではなく、私が決められたとおり確実にシャトルに乗り込むのを見届けるためにいる、と。逃げ出すのは無理だ。

スペースシャトルに乗り込んでからは、気分も落ち着いた。これまで十分な訓練をしてきたし、自分のなすべきことはわかっている。宇宙船と、私たちをサポートしてくれる献身的なチームを信頼もしている。カウントダウンが進み、私はすっかり調子を取り戻した。

あの打ち上げから20年が経ったいまでも、あの日の朝のことをよく思い出す。心のもちようで、いかに自分が不安定になったか。そして、暴走する思考をどうやって再び安定させたのか。私は身をもって学んだ。どんなときも、何かを考えるより実行するほうがいい。そして、計画を実行する段になったら、恐怖心は無用だ。私たちの心はあらゆる不安を生じさせるが、怖い課題もいざ向きあえば、想像していたほど悪くはない。

そうした不安に立ち向かい、克服するためのモットーがある。私が「3つの信頼」と呼ぶようになったそのモットーとは、「訓練を信じ、装備を信じ、チームを信じよう」だ。この信念を常に念頭に置いておけば、何でもできる。

＊＊＊＊＊

人生についてまず覚えておくべきことは、人生は『ダイ・ハード』ではないということだ。映画と違ってなんの準備もなしに極限状況に放り込まれることなど、めったにない。チャンスが訪れるのは、たいてい自分でつかみ取ったからだ。そのために十分に訓練を重ねてきたからだ。問題は、自分のしてきた訓練を信じきれないことである。あのときの私に起こった事態が、まさにこれだった。

STS－109ミッションの打ち上げ時には、私は宇宙飛行士候補者訓練と自分のフライトに特化した訓練を終了していたし、宇宙飛行士として6年間の経験も積んでいた。それでもまだ、私は準備が整っていないと感じていた。すべてを台無しにしてしまうのではないかと不安になり、そんな私の自信のなさに周囲もすぐ気づいていた。打ち上げを数週間後に控えたある日の午後、私は船外活動のパートナーであるジム・ニューマンと一緒にNBL（無重量環境訓練施設）の制御室から出たところを、ハッブル宇宙望遠鏡の整備ミッションを担当する幹部の1人、マイケル・ワイスに呼び止められた。

「君たち」彼は言った。「今回は複雑なミッションになりますが、ハッブルのチームを代表して伝えたい。君たちなら望遠鏡の修理とアップグレードをやってくれると、私たちはこの上ない信頼を寄せています」

それからマイクは、ジムよりも私に向けたと思われる言葉を付け加えた。

「準備ができているかどうか、自分を疑う気持ちがあるとしても、君たちは準備できています」

「でも、私はまだ新人です」と、私は言った。「どうすれば自信をもてるでしょうか」

「なあ、マス」彼は少し真剣な表情になり、続けた。「君はもう新人じゃない。まだ宇宙へ行ったことはなくとも、あらゆる試練を乗り越え、精一杯の努力をし、訓練を立派にやり遂げてきたんだ。われわれは誰も君のことを新人だとは思っていない。君もほかのクルーと同じように、ハッブルのミッションに適任だ」

数週間後、隔離期間に入る前日の夜に、友人でありメンターであり、ハッブル宇宙望遠鏡の船外活動の経験者でもあるスティーブン・スミスが自宅を訪ねてきた。彼は目と鼻の先に住んでいて、私の様子を見に来てくれたのだ。おそらくスティーブもマイケル・ワイス同様、私が自信をなくしてあれこれ悩んでいるのを察したのだろう。ひょっとすると、彼も最初のミッションの前に同じように感じたことがあり、私に念を押しに来てくれたのかもしれない。

「君が準備できてなかったとしたら、君を行かせるわけがない。ＮＡＳＡは失敗させるために任務につけたりしないよ」

彼は言い、そして覚えておくべき2つめのことを付け加えた。

「宇宙飛行は、参考書持ち込み可の試験だよ」

これは、職場で取り組む多くの仕事に当てはまることだろう。そのほとんどは、参考書持ち込み可の試験だ。何か不明な点があれば、いつでも質問したり、少し時間をとって調べたりすることができる。私は訓練で学んだことをすべて記憶していると期待されているわけではないし、必要とあればミッションの最中にいつでも説明を求めてかまわない。

もちろんマイクとスティーブの言うことはどちらも正しいし、彼らが正しいと信じるしかなかった。ＮＡＳＡは、私がすべてを台無しにすることのないように幸運を祈りながら、私を宇宙へ送り出すようなことはしない。彼らは宇宙飛行士を訓練する専門家であり、その彼らが、私が行く準備ができていると判断したという事実こそが私にとって十分な保証だ。しかもミッションに関する多くの作業のうち、困難な部分はすでに終えているのだ。事態の解明、解決策の模索、そして訓練はすべて完了している。あとは、実行するだけだ。試合時間となったが、準備はできている。訓練中、必死に努力した。成功への準備は整っている。ここからはリラックスして、これまでの訓練を信じて、無事に実行し、その先にチームと私を待ち受ける成功を楽しむだけだ。

もちろん、不安がすっかり消えたわけではない。発射台に上がる瞬間まではずっと残っていたが、私には不安が浮かぶたびにそれを封じるおまじないがあった。

学校や職場で課題を与えられたり、少し背伸びが必要な機会を得たりしたときは、「自分が準備不足ではないかと不安に思うことがあるかもしれない。そんなときは、「自分のしてきた訓練を信じる」ことを思い出そう。それが教室での正式な研修であれ、職場や私生活で得た実地の経験であれ、その教育や経験が目の前の機会に備えるためだったことを忘れてはならない。あなたは、くじ引きで選ばれたのではない。あなたは懸命に努力して、その機会をつかみ取ったのだ。

自分の訓練を信じて、自信をもって前進しよう。

当然ながら、宇宙飛行士である私は自分の才覚と能力だけでやってきたわけではない。NBLで船外活動の潜水訓練をするときも、スペースシャトルに搭乗して宇宙へ飛び立つときも、安全を確保し、成功するために無数の装備や機械に頼っていた。そこで、「自分の装備を信じる」ことも必要になってくる。

自分の装備を信じなければならないという教訓を最初に得たのは、T−38ジェット練習機を操縦したときのことだ。私はシートベルトを締めるたびに、航空機やパラシュート、航空交通管制レーダーなどの関連装置に自分の命を預けた。宇宙飛行士室の経験豊富なパイロットは、NAS

Aの保有するT－38機を「世界で最も整備の行き届いた航空機」と呼んでいた。安全記録を見れば一目瞭然の真実で、すべてが定期的に整備され、飛行のたびに点検される。たとえごくわずかな問題であっても、その問題が解決するまでは離陸できない。パイロットは飛行のたびに機体の状態を報告し、エリントン飛行場にある本拠地に戻ったあとは、地上チームが機体の点検をして、次の飛行に向けて準備が整っていることを確認したうえで離陸となる。パラシュートのハーネスやヘルメット、酸素マスクといった個人装備もすべて定期的な検査と整備を受ける。こうした事実への完全なる信用なくして、シートベルトを締め、自信をもって航空機を操縦することなど絶対にできない。

これと同様の厳格な安全対策は、シャトルにも適用される。宇宙へ打ち上げるには、人類がこれまでに築き上げた強力で複雑な技術の粋を信頼する必要がある。メインエンジンから燃料タンク、固体ロケットモーター、誘導システムまで、すべての要素がそれぞれ完璧に機能して初めて私たちは軌道に乗ることができるのだ。私が恐怖を乗り越えて最初の飛行を果たせたのは、シャトルの機体そのものに厚い信頼を寄せていたからでもある。

飛行に先立ち、私たちはまさにその目的でケネディ宇宙センターを定期的に訪れた。搭乗する機体への信頼を高め、親しみを深めるためだ。そうしたなかで一度、仲間のクルー数人と私は、スペースシャトルが組立棟内で準備されているところを見学した。通路を歩きながら各所の構造を観察しているとき、技術者が細い刷毛《はけ》で固体ロケットモーターの接合部に樹脂を塗っている姿に目が留まった。技術者は集中して、刷毛の一塗り一塗りに細心の注意を払っていた。その様子をじっと見つめながら、打ち上げ当日に各部品が完璧に機能するために必要な作業を確実にこなすべく、細部に至るまで注意を行き届かせていることに、私は頭の下がる思いがした。そして、その技術者を見て、この宇宙船なら私とクルーのみんなを安全に目的地まで運んでくれるだろうという安心感がわいてきた。

宇宙船から計算機まで、私たちはあらゆる道具に頼って日々、生活している。自分自身では修理も点検もできない機械に、自分たちの幸福と成功をすっかり委ねているのだ。特に、最も必要としているときにこそ、それら機械に裏切られることはないという安心感が欠かせない。そのために日頃から機械を大切に扱い、アップデートし、故障したら修理しよう。

重大な任務をやり遂げられるか不安なときは、仕事で成果を上げるために頼りにしている技術や道具は、自分のためにあるのだということを思い出そう。そして、それらを信頼しなければならない。

＊＊＊＊

結局のところ、「訓練を信じ、装備を信じる」ことができるかは、3番目かつ私が最も重要だと考える信頼の有無に全面的にかかっている。それは、チームに対する信頼である。自分の積み重ねた訓練を信じるということは、言い換えればあなたを訓練した人たちの判断を信じるということだ。彼らが信頼もなしにあなたを昇進させたり、大きな仕事に推薦したりすることはない。したがって、彼らがあなたを信じるならば、あなたも自分自身を信じなくてはならない。

また装備を信じるということは、すなわちその装備を製造し、修理・保守する技術者を信じるということだ。自分ですべてを把握することは不可能であり、複雑な仕事ならなおさら、助けなしに進めることはできない。そこで、専門家を信頼して任せるのだ。あなたの旅のために完璧な準備をし、その道中を支えてくれる人たちを信頼しなければならない。彼らはあなたのためにそこにいるということ、必要なときにはあなたが彼らのためにそこにいるということを心得ておかなければならない。そしてチームには同僚はもちろん、家族や友人も含まれる。

さて、ここまで触れてこなかった重要な論点がある。信頼を築くにはどうすればよいのか、である。

信頼は、自然に生まれるものではない。信頼とは努力して得るものであり、相互的なものでなければならない。そして、信頼をはぐくむうえで鍵となるのは個人的な関係だ。相手と知りあい、どのような人間かを互いに理解しあうことを通じて、信頼は築かれる。優れたチームは、こうした出会いや人間関係を通じて築かれた相互的な信頼によって結びついている。

私たちが個人的な関係をつくるうえでまず思い起こすべきことは、宇宙へ行くには全員が総力を挙げて力を尽くさなければならないということだ。一つひとつの仕事がすべて成し遂げられ、一つひとつの責任がすべて果たされて初めて可能になる。その好例がバーノンだ。バーノンと彼のチームはＮＢＬの更衣室の環境整備を担当しており、ＮＢＬで何か必要なことがあれば、彼のところへ行けばよかった。

船外活動の準備にはチームでの取り組みが多く、更衣室はいつも活気にあふれていた。ダイバーがびしょ濡れのウェットスーツで出入りし、宇宙飛行士が重い装備を身に着けて歩きまわる。いたるところが水浸しだ。誰かが滑って首を折ったりすれば一大事となりうるが、バーノンのチームが担当しているかぎり、そんな心配は無用だ。毎朝、訓練の準備をしに更衣室に行くと、バーノンが大きな水切りワイパーを手にして環境整備チームを監督しながら、床が濡れたままにならないように水を押し出している姿をしょっちゅう見かけた。

「バーノン、今朝の調子はどうだい？」と、私が声をかける。

「君たちを宇宙へ送り出すために、最善を尽くしているところだよ」が、彼のいつもの答えだ。それがＮＡＳＡでの流儀だった。仕事の内容にかかわらず、誰もが宇宙へ送り出すチームの一員であり、チームのメンバー全員がミッションの成功には不可欠なのだ。

バーノンと彼の同僚たちのおかげで、私たちは信頼できる人たちに任せておけば安全でいられると確信できた。更衣室を良好な状態に維持することは、軌道上にいる私たちの安全を守る管制業務と同様に重要だ。

新人のころ、ＮＢＬでは船外活動者になるための技術だけでなく、ヒューストンからケープカナベラルまで、より広範囲のチームのメンバーと関係を築くことの重要性も学んだ。ケープでは、宇宙船の打ち上げ前に必ずクルーのみんなで射場安全チームを訪ねた。射場安全チームは計り知れないほど過酷な責務を負っている。彼らの任務は、私たちを爆破すること。打ち上げられたシャトルやロケットがフロリダの海岸など居住地域に向かってコースを外れはじめたら、地上で何千人もの死傷者が出る前に、宇宙船を消滅させるボタンを押さなければならない。

その決断を下すことは、たとえ無人衛星の打ち上げであったとしても容易ではない。それが7人の宇宙飛行士を乗せたシャトルであれば、ほぼ不可能だろう。そのため、私たちはいつも彼らを訪ねて、いつか彼らが直面するかもしれない困難な任務を理解し彼らに感謝していることを伝えるようにしていた。また時には家族の写真を見せて、私たちがどんな人間かを知ってもらったりもした。それは私たちなりの、「その大きな赤いボタンを押すのを早まらないで。宇宙船のなかには、人がいることを忘れないで」というメッセージだった。こうして彼らと知りあうことによって、彼らなら打ち上げの際に正しい判断を下してくれる、安心して任せられる、打ち上げ当日にも彼らを信じることができる、という信頼が生まれるのだ。

宇宙飛行士の仕事には契約先での講演、握手や写真撮影、サインをすることなども含まれる。信頼は相互的なものだ。熱心に仕事をしてくれる彼らの存在がどれほど重要で、私たちがどれほど頼りにしているかを言葉にして伝えた。それが私たちのミッションを可能なかぎり安心安全なものにしようとする彼らの動機づけとなり、私たちなら彼らのつくるハードウェアでいい仕事をするだろうと信頼してもらうきっかけになればと思った。それと同時に、献身的なチームのメンバーに会うことで、宇宙飛行士のほうでも彼らへの信頼が深まり、ミッションを進めていく自信がもてる。こうした訪問を通して個人的な関係が生まれ、全体の活動をひとつにまとめる相互的な信頼の絆へと深まっていく。人間関係、そしてそこから得られた信頼がなければ、どれほど科学技術の粋を集めても、人間を軌道に乗せることはできないだろう。というのも、人間関係と信頼の築かれていないミッションは、必ず破綻してしまうからだ。

だが、残念ながら、そういったレベルの努力や献身、信頼があっても、うまくいかないことがある。宇宙飛行は、本質的に危険なものだ。ミスは起こる。機器は故障する。あらゆる予防策を講じたと思っても、盲点はあり、悲劇はどこからでも襲ってくる。

2003年2月1日、スペースシャトル「コロンビア号」が大気圏再突入時に空中分解し、私の友人や同僚7名が犠牲になったとき、まさにそれが起こった。私の人生で最悪の日であり、シャトル計画に対する私の信頼が試された。

宇宙飛行士室では最初に、遺族へのケアに取り組んだ。彼らには、私たちの助けが必要だったからだ。私たちはクルーの追悼式典に出席し、遺された配偶者や子ども、親、きょうだい、友人にできるかぎりの慰めを与えるよう努めた。しかし、数日後、別の問題がもちあがる。

今後の宇宙計画をどうするか？

すべてのシャトル飛行は、事故調査が終わるまで無期限の停止となった。飛行が再開されるかは不明。宇宙船1機と7名の命が失われたことは衝撃の事実だ。それでも宇宙計画のすべてが白紙になることは受け入れられるものではなく、彼らの遺志でもない。

コロンビア号の事故は、たとえ「訓練を信じ、装備を信じ、チームを信じ」ていても、事故は起こりえることを事実として私たちに突きつけた。しかし、私たちには長年にわたって築きあげてきた信頼関係がある。事故によってチームと宇宙計画は崩壊するどころか、さらに揺るぎないものになった。

宇宙飛行士だけでなく国全体の、宇宙計画に対する信頼を再構築するために、いかなる隠蔽も責任転嫁も排した。スペースシャトル管理チームと管制チームは週に1度の宇宙飛行士室のミーティングに出席して、起こったことを包み隠さず説明し、すべての質問に答えてくれた。彼らは徹底的に調査して事故の原因を究明すると明言し、このような事態が二度と起こらないように私たち全員で尽力していくことに一片の迷いもなかった。これは、宇宙計画全体に対する信頼を回復するために必要なことだった。

CAIB（コロンビア号事故調査委員会）には、事故原因を究明し、スペースシャトル計画の継続に必要な改善事項――そもそも継続できるかどうかは別にして――を指摘するという任務が課せられた。7月には報告書が公開され、打ち上げ時に外部燃料タンクからスーツケースほどの大きさの断熱材が剥がれ落ち、コロンビア号の左翼の前縁に衝突したことが直接的な原因だったと結論づけられた。シャトルの翼は大気圏再突入時の熱に耐えられる設計だったが、破片の飛び散るなかでの飛行に耐えられる設計ではなかった。

スペースシャトルの外部燃料タンクは巨大な魔法瓶のようなつくりで、極低温燃料を摂氏マイナス185度近くに保つために外側は断熱材の層で覆われていた。しかし、断熱材は必ずしもタンクの金属にしっかりと付着しているわけではなかった。以前のシャトル打ち上げ時にも断熱材の一部が剥がれ落ちる事象があったが、スポンジのような断熱材は比重がきわめて小さく、過去に問題となる損傷の原因になったことがなかったため影響はないと考えられていたのだ。断熱材が翼の熱防護システムに損傷を与えた可能性があるという見解が最初に示されたとき、私たち全員がそれはほぼありえないと思った。断熱材の欠片が、スペースシャトル全体を崩壊させることなどあるだろうか？

調査によって、機体崩壊の過程が明らかになった。断熱材衝突試験の結果、断熱材の破片が外部燃料タンクから剥がれ落ちる直前、スペースシャトルはおよそ毎秒700メートルの速度で飛行していたことがわかった。外部燃料タンクから分離した断熱材は、およそ0・161秒後に翼に衝突。低密度の断熱材は弾道係数が小さいため、この0・161秒間に速度が毎秒700メートルからおよそ毎秒457メートルに低下した。これはつまり、シャトルが自由落下する断熱材におよそ毎秒244メートル、つまり時速877キロメートルの相対速度で衝突したことを意味する。これほどの高速で衝突すれば、たとえスポンジのような断熱材でも、スペースシャトルの翼のとりわけ脆弱な前縁では問題が生じる。

ＣＡＩＢは、事故の要因を３つの異なるカテゴリーに分類して示した。①コロンビア号の喪失につながった物理的な故障、②ＮＡＳＡの文化的および組織的な脆弱性、③その他の重要な所見、としてＮＡＳＡに対する29件の勧告がまとめられた。そのなかで、外部燃料タンクの再設計、打ち上げ時の画像の改善、軌道上での検査と修理能力の向上、そして最終的にはスペースシャトル計画自体の段階的な終了が必要だとされた。

ＮＡＳＡの文化的および組織的問題に関して、ＣＡＩＢは「スペースシャトル計画を監督する管理慣行も、左翼に衝突した断熱材と同等の事故原因である」と結論づけた。聞くのがつらい勧告だった。私たちの安全対策とコミュニケーションのあり方は望ましいと思っていたが、まだ改善の余地があるということだ。

完璧な関係などないが、どんな関係であれ、その不完全さにどのように対応するかが問われる。その日から私たちは業務の改善に着手し、あらゆる立場の職員に安全上の懸念を提起する権限を与え、背中を押した。また、軍やその他の高リスク産業と最良の実践例を共有した。シャトル計画の管理組織はシステム工学とシステムの統合に重点を置き、安全性およびミッション保証部門の役割を拡大した。これらの改善をすべてやり遂げたことによって、スペースシャトルの飛行再開が叶い、チームとしてかつてないほどに強くなったという自信をつけた。

コロンビア号の事故から再び定期的な運用にこぎつけるまで、２年半を要した。自信をもってシャトルの飛行を再開させるのに必要な信頼を回復するための２年半だったが、うまくいった。

私たちはシャトル計画の残りのミッション飛行を無事に実施することができ、国際宇宙ステーションの組み立てを完了し、ハッブル宇宙望遠鏡の最後の修理も成功させたのだ。

私の宇宙飛行士としてのキャリアを振り返ってみると、ハイライトは間違いなく船外活動と仲間のクルーと訓練をともにした時間だ。しかしもうひとつのハイライトは、コロンビア号の事故から立ち直るためにチームとして団結し、シャトル計画への信頼を回復して、飛行を続ける道を見出したことだ。

悲劇やパンデミックが起こったような過酷なときこそ、自分たちのチームがいかに優れているかを教えてくれる。私たちは順調なときではなく、苦境にあるときに自分が何者であるかを知る。もちろん、宇宙飛行の事故は二度と経験したくないし、またパンデミックを経験したい人などいない。それでも、私たちのチームがこれらの時期やほかの困難な時期にどのように対処し、信頼を回復し、再び成功を手にしたか、私たちは誇りをもって振り返ることができる。

＊＊＊＊

最後に、コロンビア号の悲劇が証明するように、信頼とは何もかもひっくるめて受け入れることではない。また、すべてがうまくいっているとやみくもに思い込むことでもない。大学院時代に、私はNASAのレジェンドの1人であるドン・ボークを紹介された。ドンはベテランで、ジヨンソン宇宙センターで宇宙飛行士プログラムが始まった当初から携わり、私が選抜試験に何度も落ちていた時期にいつも励ましの言葉をかけてくれるような人だった。

ついに私が宇宙飛行士候補者としてヒューストンに足を踏み入れたとき、イベントで偶然再会し、何かアドバイスはあるかと尋ねたことがある。彼は少し考えて言った。

「マイク、常に忘れないでください。最後は自分自身だということを」

「え?」と、私は聞いた。

「最終的に責任を負うのは君なのです。うまくいくように支援するのは、ほかの人の仕事かもしれませんが、あのロケット船に乗るのは君自身ですから」

誰もがこの古い格言を知っているだろう——信ぜよ、されど確かめよ。

そのとおりなのだが、私にとって確かめるという言葉には、相手が間違えていないか、不誠実ではないかと疑い心配するニュアンスがある。もっと軽い言いまわしで言うなら、「信頼しつつも、コミュニケーションをとって、フォローアップしよう」になるかもしれない。

あなたの仕事や評判、人生に影響する可能性がある場合、あなたには心ゆくまで何度でも質問し、再確認し、見届ける権利がある。ロケットに縛り付けられる、クライアントへの説明を用意する、車が正常に動作することを確認するなど、リスクの高い状況では、相手はあなたに対してきわめて高いレベルの透明性を提供する義務がある。チームメイトはいつでも、自分が何をしているのか、なぜそうしているのかを十分に説明する用意があるべきで、自分を疑っているのかとか、自分の仕事をチェックするつもりなのかなどと、あなたの質問を解釈するべきではない。だからこそ問題が起こる前に、相手と良好な関係を築くために多大な労力を費やす必要があるのだ。

これは航空機を操縦する際の個人装備に関して、特に当てはまった。自分たちが世界最高の整備の行き届いた航空機を使っていることはわかっていたが、コロンビア号で断熱材の塊が剥がれたように、何か見落としの可能性があることもわかっている。そのため飛行前には毎回、地上クルーがすでにチェックしたすべてのことを再確認した。機体をひととおり点検して、パラシュートと射出座席の準備が整っていることを確認し、そのフライトの安全性にかかわるすべての重要項目をチェックし、疑問点があれば何でもクルーチーフに確認した。このようなフェイルセーフ対策をとるのは、パイロットと地上クルーの信頼関係が欠如しているからではないことをお互いに理解していた。すべてが適切に運用されていることを確認するための、単なる追加の用心、やりとり、透明性確保の手段だ。あくまで信頼関係を築くための一助であり、信頼関係を損なおうとするものではない。

軌道上でも同じだ。宇宙では、みんなが互いの安全に責任を負っている。宇宙飛行士は、宇宙服を問題なく着用できているか、すべてのラッチとロックが正しい位置にあるか、安全テザーが正しい位置に取り付けられているか、すべての工具があるべき場所にあるか、それらの確認を仲間のクルーに頼らざるをえない。自分が見たいと思っても見えないところを確認してもらうために、ほかの誰かの目を必要とし、装備に不慣れなクルーメンバーの目まで借りていた。それでも

T－38の場合と同様に、すべて問題ないことを重ねて確認するのは、その宇宙服を着た宇宙飛行士自身の責任だった。

あなたが無事に仕事をやり遂げるために頼りにしている人たちに、彼らの仕事を無事にこなしてもらえるようにするのは、あなたの責任だ。信頼しつつもコミュニケーションをとって、フォローアップしよう。


怖くて不安になる状況でも、3つの信頼が私に勇気を与えてくれた。ただし、怖がることと不安になることは違う。怖がっていても、たいていパフォーマンスの向上にはつながらない。それどころか計画を実行する段になって、思考力に悪影響を及ぼす可能性がある。一方で、長年の経験から何かの準備中に不安になるのは、おおむねいいことだと気づいた。というのも、それは自分が取り組んでいることを大切に思っている証拠だからだ。課題を目の前にして不安にならないのであれば、それはあなたにとってそれほど重要なことではないのかもしれない。よい兆候とはいえない。

不安はそれに備えようとする動機となり、準備は自信につながる。したがって、来るべきイベントを前にして不安になっているなら、それをよい兆候ととらえ、自分にとって重要なことに取り組んでいるのだと自覚して準備をする原動力にしよう。そして、次のことを覚えておいてほしい。

- 不安になっても大丈夫。それはあなたが大切に思っている証拠だ。この挑戦に向けて十分な訓練を積み、準備ができていること、あるべくしてこの立場にあるのだということを思い出そう。
- 不安のエネルギーをうまく利用しよう。やる気を出す原動力にしよう。準備にとりかかって、機材をチェックし、計画を確認し、チームと連絡をとりあおう。
- あなたにはこれからする仕事をサポートしてくれる適切な技術、設備、機器があることを思い出そう。
- あなたの後ろには同僚、家族、友人というチームがついていることを思い出そう。彼らはあなたがこの瞬間を迎えるために準備するのを支援してくれただけでなく、この先困難に直面してもそばにいてくれるはずだ。
- 支援してくれる人たちを信頼しよう。ただし、仕事を確実にやり遂げる責任は、最終的にはあなたにあることを忘れてはいけない。そうなっているか、確認しよう。
- ありえない事態が起こったときは、信頼を回復して前に進めるように、誠実な調査が徹底的に行われるようにしよう。
- 行動に移すときが来たら、リラックスしよう。その瞬間に怖がっていても何の役にも立たない。

計画を実行し、イベントを楽しむことに集中しよう。

◯自分自身を信じよう。おそらくこれが最も重要だ。自分はこの挑戦をうまくやり遂げられるという自信をもとう。

「訓練を信じ、装備を信じ、チームを信じよう」という3つの信頼を、どんなときも覚えておこう。そして4つめの信頼――自分自身を信じること――も忘れてはいけない。それと同時に、ほかの誰かに任せた仕事であっても、あなたの人生がかかっている。

コミュニケーションをとって、フォローアップし、感謝していることを相手に伝え、信頼を築くために必要なことはすべてしよう。そうすれば、その信頼がいつかあなたの仕事や人生を救い、あなたのムーンショットの実現につながるはずだ。

状況を悪化させる可能性は常にある

You Can Always Make It Worse

肩の力を抜いて、自分のしていることを誰かに確認してもらおう。

私はハッブル宇宙望遠鏡の船外活動に、新人としては初めて任命された。そのとき一緒に指名されたのは、ジョン・グランスフェルド、リチャード・リネハン、ジム・ニューマンという、いずれも経験豊富なベテランだった。3人合わせて8回の宇宙飛行と6回の船外活動の経験があるのに対し、私にはどちらの経験もない。最初から3人より遅れているのを感じて、肩身が狭いなんてものではなかった。これまでの多くの新人と同じように、経験不足を補うために自分がどれだけうまくやれるかをみんなに見せなければと思っていた。だが、これまでの多くの新人と同じように、すぐにそれがひどい間違いだと気づくことになる。

私はＮＢＬ（無重量環境訓練施設）で行われた初期の訓練のひとつにおいて、かさばる宇宙服を着て、シャトルと望遠鏡のまわりを手すりにつかまって移動する能力を見せつけて好印象を与えたいと思っていた。ところが、スピードと効率性を誇示しようとするあまり、速く動きすぎたらしく、安全テザーが両脚のあいだに入り込んでしまった。

安全テザーとは船外活動者をスペースシャトルや国際宇宙ステーションにつなぎ留めるもので、船外活動者が誤って太陽のほうへ離れていったり、地球を永遠に周回する衛星になったりしないようにするための命綱だ。テザー自体はチタンワイヤーでできている。一方の端が大きなピーナッツ形のリールになっており、宇宙服の腰のあたりにある金属製のＤリングにフックをかけてロックすることで宇宙飛行士に取り付けられる。もう一方の端は、ロボットアームの足場に足を固定して作業する船外活動者ならロボットアームに、スペースシャトルや望遠鏡の周囲を手で移動しながら自由に動きまわる船外活動者ならシャトルの外側に取り付けられているスライドワイヤーに、フックを閉じてロックする。宇宙飛行士が構造物から外れて浮遊しはじめると、リールが巻かれて宇宙飛行士を安全な場所まで引き戻す。

安全テザーは命を救うこともあるが、危険を招くこともある。テザーがどこにあるかを常に把握していなければ、簡単に絡まってしまうからだ。同僚のジョー・タナーはその感覚を「徹底したテザーへの意識」と呼んでいる。

その日、ＮＢＬでの訓練でテザーを両脚のあいだに漂わせてしまったのは、テザーへの意識が甘かったことが直接の原因だった。そもそも、テザーをそんなところへ絶対に近づけてはいけなかった。とはいえ、その時点ではまだ状況はそれほど悪くなかった。テザーを処理して作業に戻るだけでよかったからだ。しかし新人ゆえの不安から、誰にも自分のミスを知られたくないと思ってしまい、私は助けを求めなかった。誰かに気づかれる前に、自分ですぐに処理できると思ったのだ。なんと愚かなことか。

横向きになってテザーの反対側に脚をもっていこうとしたとき、テザーがヘルメットのライトに引っ掛かった。そこで宇宙服の向きを変えて外そうとしたのだが、今度はテザーが首の後ろとヘルメットに巻きついてしまった。ヘルメットからテザーを外そうとするうちに、胸に取り付けたミニ・ワークステーションと工具にまで絡んでしまった。もはやテザーは両脚のあいだから、背中を通って、頭を越え、ヘルメットをまわって、首の後ろを通り、胸まで下りて工具に巻きついている。すっかり絡まった状態で、なす術もない。まるで海底で、自分の生み出した海の怪物の巨大イカと格闘しているような気分だった。

当然のことながら、最も恐れていたことが起ころうとしていた。いまにもみんなが私のミスに気づきそうになっている。安全テザーをすっかり見失ってしまった私は、船外活動中の宇宙飛行士による安全テザー絡まりの世界記録を樹立しそうだ。トラブルの兆候に最初に気づいたときに立ち止まって少し時間をとり、船外活動のパートナーに助けを求めるか、少なくとも制御室にいるほかのクルーにテザーがどうなっているのか確認してもらっていたら、小さな問題でとどまり、訓練全体の進行には支障がない短時間の遅れで済んだことだろう。ところが、私は誰にも気づかれないように密かに急いで問題を解決しようとした。そもそもそれが、初心者レベルのばかげた判断だ。なぜなら、プールのカメラは制御室にいる20人ほどが見ている12台のモニターに接続されており、アニメに出てくるめっぽう足の速いロード・ランナーの捕獲にまたも失敗したワイリー・コヨーテのようになってしまった私を、全員が目も離さず見守っていたのだから。

クモの巣に絡まって完全にお手上げとなり、恥ずかしさのあまり、私はついに悪あがきをやめた。「建物に雷でも落ちて、みんなの注意がよそに向いてくれないだろうか」と思ったが、そんな幸運などない。制御室から通信連絡を受けたインストラクターたちが駆けつけて、大丈夫か、助けが必要なんじゃないか、と声をかけてくれた。その後、船外活動のパートナーのジム・ニューマンが様子を見に来て、私を見るなり、私の成し遂げたことにさも感心したという顔をした。わざと絡まろうとしたって、ここまでひどいことにはならないだろう。さらに悪いことに、絡まりの一部が背中の生命維持装置や頭上をまわっていたため、自力で抜け出すのはとても無理だった。そこでジムは私の宇宙服のまわりのテザーを動かしながら、私を回転させたり、傾けたりして、絡まりをすべてほどき、クモの巣から私を解放してくれた。そうして、2人とも訓練を続行することができた。

マイク対テザーの戦いはテザーの圧勝で、私は残りの訓練中ずっと自分を責めていた。プールから上がると、ジムに脇へと連れて行かれ、どうしてあそこまでひどく絡まったのかと聞かれた。

彼がこれまで見たなかで、最悪の部類だったようだ。私は、最初はそれほどひどくなかったが慌ててしまい、助けを求めなかったせいでどんどんひどくなり、とうとう完全に絡まってしまったと答えた。ジムはうなずいてから言った。

「マイク、君はフートの法則を覚えておく必要がある」

「フートの法則とは何でしょうか？」と、私は尋ねた。

「フート・ギブソンが宇宙飛行士だったころによく言っていたことだ。どんなに悪い状況に思えても、それをさらに悪化させる可能性は常にある」

「なるほど。聡明な方だったのですね」

「そうだ。ほかにもフートの口癖で、君の役に立ちそうなことがある。何もしないのは往々にしてよいことであり、言うのはどんなときでもよいことである」

フートの法則は、もっともなアドバイスだ。絡まった当初はそれほど大きな問題ではなかったのに、私が慌てて混乱したせいで事態を悪化させてしまったのだ。行動する前に落ち着いて、少し時間をとって状況判断をすればよかった。裏を返せば、慌てて行動を起こすより、起こったことを把握するまで何もしないほうがよかったということだ。また、パートナーのジムや制御室のチームに頼んで、安全テザーがどこに引っかかっているかを確認してもらってもよかった。自分で確認するのは難しかったからだ。

フートの法則は、私が学んだ最も重要な教訓のひとつになった。

「フート」ことロバート・ギブソンは、海軍の飛行士兼テストパイロットで、1978年に宇宙飛行士に選ばれた。彼の飛行技術とリーダーシップは伝説的で、誰もが彼を慕っていた。私が初めて選考委員会の面接を受けた1994年には彼はまだ在職中で、宇宙飛行士室の室長を務めていた。面接のあいだ、私からそう遠くないところに座って、微笑みを絶やさなかった彼の姿を決して忘れることはないだろう。緊張している私に「大丈夫。君はうまくやっているよ」とでも言うかのように、彼は素晴らしい微笑みを向けてくれていた。ストレスに押しつぶされそうだったときに、大きな救いとなった。

フートがNASAを去ったのは1996年11月で、私とクラスメイトがNASAに入ったのはそれから間もなくのことだったが、彼の口癖とアドバイスは世代から世代へと受け継がれてきた。それらの教訓を確実に受け継いだ1人が、チャールズ・ボールデンだ。

チャールズ・ボールデンは、その長く伝説的なキャリアのなかで海軍飛行士、テストパイロット、NASA宇宙飛行士を務め、米海兵隊では最高位の大将の階級を得、2009年から2017年までNASA長官を務めた。それほどの経歴を歩む才能があるチャーリーでも、フートの法則を身をもって学ぶという苦く気まずい経験をしている。

＊　＊　＊　＊　＊

1986年1月、チャーリーは初めての宇宙飛行でスペースシャトル「コロンビア号」のパイロットに任命され、そのときの船長がフートだった。初期の訓練中に、クルーの全員でシャトル打ち上げシミュレーション（シム）を行っていたときのこと。プールでテザー事件を起こした私とまさに同じように、新人のチャーリーは自分の有能さを見せつけたがっていた。ところが打ち上げの瞬間、電気系統の不具合で警報が鳴った。彼はチェックリスト（手順書）を取り出すと、重要な電源の故障が原因で、シャトルの3つのメインエンジンのうちひとつが停止したのだと判断した。問題点をフートに伝え、自分が対処すると言って、必要な手順を実行した。それは、スイッチを切り替えて、電気系統の不具合が発生した箇所を遮断し、故障した電源を切り離すというものだった。彼は手を伸ばしてスイッチを切り替えた。が、切り替えるスイッチを間違え、別の電源が落ちてしまった。

「突然だった」。チャーリーは、そのときのことを私に話してくれたことがある。「シミュレータのなかが静まりかえったんだ」

最初の電気系統の不具合で、エンジンがひとつ失われた。そのうえ、彼が大事な電源を切り離したために2つめのエンジンも失い、たったひとつのエンジンで宇宙へ行こうとしていた。不可能だ。シミュレーションされた重力がゆっくりとシミュレーションされたシャトルをとらえると、彼らはシミュレーションされた地球へ降下し、シミュレーションされた海に墜落し、燃えさかる火の海でシミュレーションされた死を遂げた。恥ずかしさのあまり、ただそこに座っていることしかできなかったチャーリーに、ロバート・〝フート〟・ギブソンが彼のほうを向き、左肩に手を置いて言った。「チャールズ、君にフートの法則を教えたことがあったかな?」

悪い状況をさらに悪化させてしまったと悟ったチャーリーは、5センチほど背筋が伸びたように感じたと言う。しかし、その経験はよい副産物ももたらした。フートの法則に、「では、どうすれば事態を悪化させずにすむのか?」という問題を解決するための新たな方針が加わったのだ。

新しいルールとは、誰も単独で行動しないこと。スペースシャトルは途方もなく複雑で、似たようなスイッチやつまみやボタンがたくさんあるため、多くの故障に見舞われる懸念がある。そこで彼らは可能なかぎりすべての問題に、とりわけ緊急時には、少なくとも2つの頭脳と2組の目で対応することを決め、「2人ルール」と呼んだ。すべての問題に対して、1人が手順を実行し、もう1人がチェックリストの手順を読みあげて、動作を見守り、その動作が正しいことを確認する。例えばスイッチを切り替える必要がある場合は、1人目が「これから、このスイッチをこの位置に動かします」と言う。すると2人目がそれを確認し、「スイッチの操作が正しいことを、確認しました」と言葉で伝える。このやりとりをしてはじめて、1人目は操作を実行する許可が与えられる。

2人ルールなんて、シャトルの操縦という切迫した行為の足を引っ張り、妨げになるのではと思うかもしれない。そのとおりだ。だが、たとえ緊急時でも、物事を落ち着いて進めることはきわめて重要だ。チャールズ・ボールデンがシミュレータでスイッチを切り替える前に知っておくべきだったこと。同じく私がプールでテザーを自分で処理しようとする前に知っておくべきだったこと。それは、実行する前に1拍おいて、自分の行動を確認するほうが、概して好ましいということだ。

私たちがNASAでたどり着いたもうひとつのモットーは、「早く進むためにゆっくり進もう」、あるいは「ゆっくり進めて、はかどらせよう」とも言う。これは、「状況を悪化させる可能性は常にある」から導き出された、もうひとつのよい結論だ。

スペースシャトルでは、即座に行動することが求められる場面も、急かされる任務もほとんどなかった。最初の船外活動の訓練中、「ゆっくりやれ」といつも言われていた。とりわけミスをしたあとには、よくそう声をかけられた。焦って混乱したり、性急に行動してミスを重ねるのではなく、ひと呼吸おいて、目的をもって行動し、慌てず慎重に注意するよう促された。そうすれば、たいていは問題が解決するか、短時間で任務が完了した。ゆっくりと着実にこなすことが、常に功を奏する。

STS－109ミッションでは、「ゆっくりやろう」というモットーに新たな変化が加わり、「ジョー・ロピッコロのように、ゆっくりやろう」になった。

ジョー・ロピッコロは、私が幼いころからの家族ぐるみの友人だ。暖房と空調の知識があり、ほとんど何でもつくったり修理したりできるため、近所では伝説的な人物だった。みんなが驚いたのは彼の技術だけではない。ゆっくり進める、そのやり方にも驚いた。彼はまず問題を見て、考えて、何やらイタリア語で独り言をつぶやいたあと、おもむろにとりかかった。自分の作業を分析し、必要に応じて調整していく。作業によって何かが壊れた場合は、さらにゆっくりと進めた。何時間も問題を考えあぐね、何もしていないように見えることさえあったが、最後には必ず解決した。いつかはミシンまで修理したことがあると語り草になっていた。家族が集まる夕食の席でその話が出ると、みんなの目が驚嘆に輝いたものだ。ドア枠を直したり、シンクの詰まりを解消したり、車の修理をしたりする人はいるだろうが、ミシン？　いったいどこから手をつけるというのか⁉

ゆっくりやれば、あなたにもできる。

STS－109ミッションの訓練中、「ゆっくりやろう」と4年近く言われ続けた末に、ある日インストラクターからまた「ゆっくりやろう」と声をかけられた私は、思わず「ジョー・ロピッコロみたいにゆっくりやれってことか？」と口走ってしまった。脈絡のなさそうな発言の裏にある逸話を説明すると、みんな大笑いし、それ以来それがミッションのテーマとなった。

ハッブル宇宙望遠鏡修理管制室には、「ジョー曰く、EVAはゆっくりやろう」という横断幕が掲げられた。これは「EVAに行こう」というよくある言いまわしをもじったものだ（EVAはextravehicular activityの略で、船外活動のことだ）。メインエンジンが停止し、宇宙に到着したとき、船長のスクーターが通信回線を通して宣言した。

「さあ、思い出すんだ。ジョー・ロピッコロの言葉はここでも生きている。ゆっくりやろう」

私が初めての船外活動でハッチから出る直前、宇宙飛行士養成クラスのクラスメイトであり親友であり、MCC（Mission Control Center：運用管制室）のCAPCOM《キャプコム》（宇宙船通信担当官）でもあるダン・バーバンクはこう声をかけてくれた。

「いいか。ジョー・ロピッコロみたいに、ゆっくりやるんだ」

それは、性急な行動で事態を悪化させ後悔することのないように、急がず、慌てず、時間をかけて行動することを肝に銘じておくための合言葉だった。

その翌日、私たちはミッションで3回目となる船外活動で、学んできたことすべての真価が問われる局面に接した。現実の緊急事態に直面したのだ。だが、フートの法則、2人ルール、そして「早く進むためにゆっくり進もう」という教訓のおかげで、切り抜けることができた。

その船外活動でジム・ニューマンと私は、IVA（intravehicular activity：船内活動）要員だった。IVAとは、船外活動のあいだ宇宙船のなかで支援活動をすることだ。その日、船外活動を行う予定だったのは、ジョン・グランスフェルドとリチャード・リネハンで、フライトの準備中に私たちが最も心配していたのが、この船外活動だった。というのも、摩耗の兆候が見えはじめていたハッブル宇宙望遠鏡のPCU（電力制御ユニット）の交換が主な任務だったからだ。PCUはハッブル宇宙望遠鏡の「心臓部」とも言える、きわめて重要な装置だ。PCUがなければ望遠鏡は電力を失い、太陽に照らされる日中は望遠鏡自身を冷却し、宇宙が極寒となる夜間は加熱する能力を失うことになる。熱状態を制御する能力がなければ、望遠鏡は機能せず、役に立たない宇宙のゴミになってしまう。

ＰＣＵの交換はリスクの高い作業だった。作業のために、電源を完全に切ってハッブル宇宙望遠鏡を停止する必要があったが、それは初めての試みだった。船外活動中は望遠鏡の熱状態を安定させるために対策を講じる必要があり、ＰＣＵの交換が完了したら望遠鏡が再び稼働することを祈るしかない。そのうえ、交換自体にも課題があった。ＰＣＵには望遠鏡に電力を供給するすべてのリレーが収められており、34個の大きな円形のキャノンコネクタを介して望遠鏡に接続されているが、非常に硬くて扱いにくい電力線と信号線の複合ケーブルが左側を、さらに2本が下側を通っている。

すべてのコネクタを古いＰＣＵから取り外して、新しいＰＣＵにうまく接続できるか、私たちは１００パーセントの確信をもてないでいた。しかも訓練中に既存のコネクタ用の工具は作業に適さないことがわかり、新たに開発した高トルクコネクタ用の工具でうまく作業できるか試すことになっていたのだ。これらの理由から、船外活動にどれくらいの時間を要するかもはっきりしていなかった。頑固なコネクタがたったひとつあるだけでも、全体の修理計画が狂う可能性がある。そこで私たちは、コネクタにどんな問題が発生しても解決できるだけのゆとりをもたせるために、なるべく早く宇宙飛行士を船外へ出したいと考えていた。

その日のすべり出しは順調だった。ジムと私は、ジョンとリックの準備を進め、２人がエアロックに入って、ＥＭＵ（船外活動ユニット）という、船外活動用につくられた宇宙服を装着してロックするのを手伝った。ところが、エアロックのハッチを閉めようとしたちょうどそのとき、ジムがジョンのPLSS（ポータブル生命維持システム）に水滴がついていることに気づいた。PLSSは宇宙服の一部で、バックパックのように見える部分だ。よく見ると、わずかな水滴どころか、大量の水がたまっていた。すでに宇宙服とヘルメットを装着していたジョンは、何が起こっているのか、自分では確認できない。水がどこから来ているかを突き止めるために、私たちは感謝祭のパレードの風船のようにジョンをくるくると回転させた。どうやら水はPLSSの水冷システムから来ているようだ。明らかに故障している。私たちがPLSSにたまった水を吸いとっていると、船長のスコット・アルトマンが、ジョンはドアから出て船外活動を行えそうかと聞いてきたので「この宇宙服では無理だ」とジムが答えた。

ジョンのためにほかの宇宙服からパーツを集めて、新しい宇宙服をつくり直す必要がある。が、それでは大幅な遅れが生じる。1分たりとも無駄にはできず、ミスの許される余地もない。18カ月前にNBLでテザーが絡まって慌てふためいたときのようなことを繰り返せば、仲間はエアロックの外へ出た途端に命を落とすことになりかねない。だが、私たちは皆、フートの法則をすっかり体得していた。

慎重にゆっくりと作業を進め、わずかなミスも逃さないように互いを注意深く見守る。たしかに宇宙服の再構成にかかる時間や、その日予定されているPCUの交換への影響は気掛かりだった。実際、船外活動を実施できるかは疑わしいように思われた。それでも、私たちが焦って手順を飛ばしたり、慌てて順序を間違えたりして事態を悪化させれば、問題はさらに大きくなりかねない。船外活動を断念するならまだしも、シャトル内にいる仲間のクルーを傷つけることになるかもしれないのだ。

宇宙服の問題は解決に丸1日かかるほど深刻な事態だった。そのため、これが片付かないうちに別の問題を引き起こすわけにはいかなかった。問題がひとつなら、乗り越えられないことはほぼないが、2つの問題に同時に対応しようとすれば乗り越えられないことがある。

目の前の問題に確実に対処するには、新しい宇宙服の組み立てに着手する前に、船外活動のリーダーが欠陥のある宇宙服に閉じ込められ、損傷した生命維持装置に生命を維持してもらっているという事実をまず受け止める必要があった。彼を安全にそこから脱出させなければならない。私たちはすぐにミッションコントロールセンターに連絡した。彼らは、EVAのチェックリストの手順に沿うよう求めたうえで、ジョンを安全に宇宙服から脱出させられるようにいくつかの変更を加えた。

私はチェックリストを用意し、手順の詳細を確認しはじめた。その間ずっとナンシー・カリーが背後から、私の行動一つひとつを注視し、私がチェックリストの手順と変更を確認するたびにうなずいて承認した。私たちは、作業を開始する準備ができたら、私が手順を読みあげ、作業の調整をしてMCCに報告し、ナンシーが私を後ろから見守って支援することに決めていた。重要な手順については、彼女と2人で確認してから読みあげて指示を出した。

エアロックのスイッチパネルの操作とジョンの宇宙服に関するさまざまな作業はジムが行った。この作業はきわめて重要で、ジョンを守るために正確に行わなければならない。第2の目および第2の頭脳としてジムを見守るのは、パイロットのデュアン・キャリー（愛称、ディガー）だ。ディガーは船外活動者ではなかったが、ジムがスイッチやラッチ、宇宙服のパーツを正しく処理しているか、一つひとつの動作をチェックする能力は十分あった。そして、スクーターが全体の作業を監督した。

それから……そう、ジョンの船外活動のパートナーであるリック。かわいそうなリックは、私たちのやりとりを聞きながら、宇宙服を着たままエアロックでひたすら待たされていた。私たちは彼がまだ息をしているかを定期的に確認したが、彼は問題なかった。

手順どおりに段階を踏んで、ジョンを無事に宇宙服から出すことができた。

そこからの作業はすんなりと進んだ。ジム・ニューマンとジョン・グランスフェルドは、腕と脚のサイズは異なるが胴体のサイズが同じだったため、ジョンの宇宙服から腕と脚を外して、ジムの宇宙服の胴体とPLSSに取り付けるだけですんだ。とはいえ、言うほど簡単ではなかった。いちばん厄介だったのは腕の交換で、問題のない宇宙服の腕をとり、ジョンの宇宙服から外した腕を確実に接続して密閉できるように取り付けなければならなかったからだ。失敗すれば、取り返しのつかない報いが待っている。私たちは宇宙に人を送り出そうとしながら、実質的に未試験の装置に命を委ねるよう求めていたのだ。

すでにその日の飛行計画からは大幅に遅れていたが、それでも私たちは焦らず慎重に進めた。ジョー・ロピッコロよりもゆっくり作業した。チェックリストの確認にはナンシーと私の2人があたり、新しい宇宙服の再構成にはジムとジョンの2人があたった。指示を実行するのがジムで、それを見守るのが宇宙服を脱いで手伝える状態になったジョン。宇宙服のなかに入るのはジョン自身である以上、彼がかかわるのは当然のことだった。

再構成と3重のチェックを終えたのち、ジョンに新しい宇宙服を着せて船外活動の準備をするところからやり直す。彼が再び宇宙服のなかに入って密閉されたら、電源を入れて、新しい宇宙服が正常に機能することを確認する。ジムと私は、気密性と水密性の両方について3回確認した。先程のアクシデントを念頭に置いて水漏れをチェックし、付け替えた各パーツが完全に密閉されるか圧力をチェックした。密閉は完璧だ。水漏れなし。圧力漏れなし。宇宙服の準備は整った。私はジョンに親指を立て、彼は微笑んでうなずいた。私たちは内側のエアロックのハッチを閉め、エアロックの減圧を進めた。新しい宇宙服に身を包んだジョンは、安全に宇宙への扉を開いて、ついに船外活動を始めた。

2時間遅れだったが、それでも急いで遅れを取り戻すようなことはできない。私たちは相変わらずゆっくりとした慎重なペースを維持した。それでどうなったか？　新しいPCUの設置に成功しただけでなく、そのミッション中に実施した5回の船外活動のうち、唯一、最短の7時間未満で完了した。このリスクの高い船外活動をここまで効率的に行うことができたのは、ジョンの宇宙服の問題によって、フートの法則に対する意識が高まったからだといっても過言ではない。大きな問題が発生したあとにさらに事態を悪化させることのないように、一つひとつの重要な動作の確認に2人体制で臨み、ゆっくり着実に作業を進めることでかえって早く完遂したことが、その日の成功につながったのだ。

ハッブル宇宙望遠鏡は「心臓移植」を受けて、新たな生命を吹き込まれ、宇宙の謎をますます解明できるようになった。ミッションの結果、ハッブル宇宙望遠鏡が新たな発見をする可能性が大幅に高まり、私たちが船外活動で設置した機器や装置を利用してダークエネルギー（暗黒エネルギー）が発見されたことがノーベル物理学賞の受賞に結実した。すべては、私たちが悪い状況をさらに悪化させなかったからだ。

最近、私はフートの法則を日常生活にも応用しようと試みている。先日シャワーコントローラーを修理しようとして、浴室の壁の裏に部品が入ってしまった。最初は焦って、失くした部品を急いで回収しようと思ったが、そうするとシャワーの取り付けられている壁をさらに傷つけてしまう可能性があった。そこでフートの法則を思い出し、落ち着いて状況判断をした。その結果、回収は愚かな行為だと思い直し、失くした部品は壁にそのままにして、新しい部品をホームセンターへ買いに行った。あらためて修理にとりかかったときには、新しい部品がまた壁の裏に入ることのないようにとりわけ気をつけて、修理を無事に完了することができた。

フートの法則は、息子が浜辺でクラゲに刺されたときにも私を助けてくれた。病院へ連れて行くために急いでレンタカーまで息子を運んで後部座席に放り込み、車に飛び乗って、いざ運転しようとしたが車が動かない。なんと、たまたまロックのかかっていなかった別の車に息子を運んでしまったのだ。ここで、息子に病院で治療を受けさせる前に自分の借りたレンタカーを探して、その車まで息子を運ぶという問題が新たに加わった。

いったん落ち着きを取り戻した私は、慌てたせいで時間を無駄にしたことに気づいた。正しい車のハンドルを握っても、病院へ急ぐあまり注意散漫になれば、さらに大きな問題を引き起こしかねない。息子は命にかかわるほどの状態ではなく、刺されて痛がってはいたが大丈夫そうだ。もし運転中に慌てて事故にでも遭えば、状況は悪化するだけだろう。そこで、悪い状況をさらに悪化させないように慎重を期し、無理のない範囲で車を走らせて病院へ向かった。息子は必要な治療を受け、いまもすこぶる元気にしている。

これ以上悪くなることはありえないと思うような絶望的な状況に直面したときは、思い出してほしい。あなた自身が、状況をさらに悪化させる可能性があるということを。そうならないために、以下の提案をしたい。

- フートの法則を忘れてはいけない。もうひとつミスを重ねてしまったら、状況がどう悪化する懸念があるか、考えてみよう。そして、当初の問題を性急に解決しようとするあまり、二次的な問題を引き起こすことのないようにしよう。
- ジョー・ロピッコロのことを覚えておこう。早く行動したいという誘惑に抗い、ゆっくり進もう。
- 問題を修正するために重要な行動を起こす場合は、自分の行為が状況を悪化させることのないように、可能であれば誰か別の人にチェックしてもらおう。

職場で問題の解決にあたっているとき、自宅でトイレの水漏れを修理しているとき、あるいは道に迷わないようにしながら義理の家族のもとへ車で向かっているときなどに、これらのルールを適用しよう。そうすれば、あなたも、あなたのチームも、すでに困難な状況をさらに悪化させることなく問題を解決できるはずだ。

リーダーシップで何より大切なこと

The First Rule of Leadership

チームのすべてのメンバーに敬意をもち、全員を大事にしよう。

NASAに入って最初の秋、私たちサーディンズは4号館南棟1階の教室に詰め込まれて講演を聞いた。養成クラスでは、初めの1年間に宇宙計画の偉人が何人もやって来て、自分たちの経験を分かちあい、NASAファミリーになじむためのアドバイスをしてくれた。最も有名なのは当然のことながらニール・アームストロングだ。ほかには、テストパイロット以外で唯一月面に降り立った、アポロ17号の月面歩行者であり地質学者のハリソン・シュミットや、映画『アポロ13』でエド・ハリスが「失敗という選択肢はない」と言った瞬間にそのリーダーシップが世に広まった、アポロ11号の伝説的なフライトディレクタのジーン・クランツもいた。

その日、教室の前に立っていたのは、スポーツコートにノーネクタイというカジュアルな格好の、65歳にしては引き締まった体つきで健康そうなアラン・ビーン。人類で4番目に月面を歩いた人物だ。一部の宇宙飛行士ほど著名ではないが、アランのキャリアは伝説的だ。もともと海軍のテストパイロットで、1963年に宇宙飛行士に選ばれ、1969年にアポロ12号に搭乗し、1973年には宇宙ステーション「スカイラブ」に2カ月間滞在している。彼が口を開いた瞬間から、ただの昔語りではないとわかった。これまで耳にしたなかで、間違いなく最高の話。まさに人生を変える講義だった。

私たちが教室に入って着席すると、アランは私たちを見まわして微笑んで言った。

「いや、素晴らしい。君たちの目を見ればわかる。その情熱、その熱意。訓練を始めたばかりのころの私やクラスメイトと同じだ。それを決して、絶やさないでください」

それから彼は準備していた話をしてくれたのだが、アランは自分の人生のハイライトや功績ではなく、自分が犯した過ちのすべて、キャリアの足を引っ張った失敗について話したいと言った。

「私の宇宙飛行の順番は、クラスで最後でした。そうなったのは誰のせいでもなく、私自身の責任です。みなさんのうち、誰か1人は最後になりますが、それ自体は悪いことではありません。ただ、みなさんが同じ過ちを犯さないように、私がどんな失敗をしたか、お話ししたいと思います」

すっかり話に引き込まれた。私は、どんな間違いもしたくないと思っていたからだ。

アランは、船長のチャールズ・コンラッド（愛称、ピート）とともに月着陸船シミュレータで月面着陸の練習をした日のことを話しはじめた。当時、アランはまだ新人の宇宙飛行士だったが、ピートはすでに宇宙飛行の経験が2回あった。訓練の休憩中、アランはミッションの支援を担当する1人の技術者とのあいだに問題を抱えていることを何気なく打ち明けた。突飛なことを考える男で、単純に彼のことが気にくわなかったアランは、彼をチームから外したほうがいいのではないかと伝えた。すると、ピートはアランを見て言った。

「チームから外すべきなのは、〝君〟のほうかもしれないな。アポロ計画にかかわっている40万人が皆、君や、君のほうを外すべきと言ったいまの私のような考え方をしたら、月になんて絶対に行けないだろう。これほど難しい挑戦をするには、人と違った考え方や働き方をする人間が必要だ。君が気に入らないからといって、そのメンバーがチームにとって価値がないということにはならない」

そして、アランにきっぱりと告げた。「リーダーやチームの一員になるために学ぶべきことが、君にはたくさんある」

それに対しアランは、リーダーシップとチームワークについてはよく理解していると弁解がましく言った。

「君は優れたチームリーダーになるために、何より大切なことがわかっていない」

「もちろん、わかっています」と、アランは答えた。

「じゃあ、それは何？」と、ピートは聞いた。

「ええと……」アランは口ごもりながら言った。「ミッションに集中し続けることです」

「いや、違うな」

「えっと、船長をサポートすることです」

「それも違う」

「だったら……何だって言うんですか？」アランはカッとして、少しばつが悪そうに言った。

「リーダーシップで何より大切なことは、チームのすべてのメンバーに敬意をもって、全員を大事にする道を探ることだ。優れたリーダーになりたければ、それを学んだほうがいい」

ピートは頭がどうかしていると思ったアランは、こう指摘した。

たいていアポロのミーティングには30人ほどの出席者がいて、前のほうに座る10人は話し合いに参加し、有益な発言をする。真ん中の15人ほどはあまり発言せず、何を考えているのか全然わからない。「でも」と、アランは付け加えた。「いつも後ろのほうにいる3、4人は、ミーティングが終わりそうなときにかぎって、いつもまるっきり新しい論点をもち出します。それまでの話し合いを何も聞いていなかったみたいに。意味のない思いつきをただ話したいだけなんです。あんな人たちに敬意をもつ気になんかなれません！」

「そこが君の問題なんだよ」ピートは言った。「君はリーダーとしてとるべき道を、まだわかっていない」

アランにとって耳の痛いことばかりだった。それからの数日間、ピートとのあいだが少しぎくしゃくしたが、アランはようやくそのことについて考えてみるようになった。そこでジェイムズ・マクディビットなど、ほかの何人かの宇宙飛行士たちを観察しはじめた。すると、誰もがジェイムズ・マクディビットの言うことに耳を傾けていることに気づいた。ジムの考えがほかの宇宙飛行士に比べてとりわけ素晴らしいとも思えなかったが、それでもチームは常に彼の言うことを聞いている。ジムは部屋の後ろのほうにいる3、4人の厄介者の名前も覚えていて、彼らが何か発言したときには、ほかの誰よりも敬意をもって彼らに接していた。おそらくそのおかげで、ジムはアランが抱えているようなチームメイトとの軋轢を経験したことがないのだろう。

「ピートが正しいのかもしれない」とアランは思いはじめたが、変わるまでにしばらく時間がかかったそうだ。アポロクラスの同期全員のなかでフライトが最後になったのは、それが大きな要因だった。しかしスカイラブの船長になるころには、チャールズ・〝ピート〟・コンラッドのアドバイスが血肉となってすっかり変貌を遂げていた。アランはスカイラブのチームのすべてのメンバーに敬意をもち、全員を大事にすることを学んでいたからだ。その結果、今日に至るまで偉大なリーダーの1人として宇宙飛行士室に記憶されている。

＊＊＊＊

私はその時点ではまだ、人生で何かのリーダーになろうとしたことがほとんどなかった。リーダーシップのあるチームの一員でいることは好きだったが、トップの座を狙ったことはなかった。高校のバスケットボールチームの2軍でも、NASAのASCANS（宇宙飛行士候補者）の仲間との野外サバイバル訓練でも、自分の子どもたちが所属するリトルリーグのチームのコーチでも、私はたいていナンバー2だった。副キャプテン、アシスタントコーチ、副部長など、リーダーの後ろにいる存在。私にはその位置が心地よかったのだ。物事の中心にいて、チームをまとめ、その日の活動に向けてみんなを鼓舞するのは楽しかったが、先頭に立って采配を振らなければならないリーダーでいるのは決して楽ではない。

いまにして思えば、私がそんなふうだったのは、みんなに好かれたいという願望があったからだと言える。みんなナンバー2の人物のことが好きだ。助けてくれるし、寄り添ってくれるし、それでいてだめ出しはしない。昇給や昇進が見送られるという悪い知らせをもたらす上司でもない。一方で、リーダーは避雷針だ。みんなが反発するかもしれない厳しい決断を下し、しかもその後もチームをまとめなければならない。私にとってそういう存在でいるのは決して心地いいものではなかったが、NASAでうまくやっていきたければ、そのやり方を身につける必要があることはわかっていた。

その日、アラン・ビーンの講義後に教室から出ていくとき、彼のアドバイスを心に刻もうと誓い、そして実践していった。まわりにいる偉大なリーダーたちを観察するよう心掛けた。宇宙飛行士室室長を務めたロバート・カバナ、ケント・ロミンガー、チャールズ・プリコートや、搭乗員運用責任者のブレント・ジェット、私もクルーだったSTS－109ミッションでスペースシャトルの船長を務めたスコット・アルトマンなど、多くのリーダーから学ぼうと努めた。

彼らのリーダーシップのスタイルや性格はそれぞれ異なっていたが、共通点がひとつあった。それは、関係する人たちを知るために時間を割いていたことだ。彼らはみな、サポートエンジニアからインストラクターまで、そして指揮系統の上から下まで、自分たちのミッションに貢献しているすべての人々の名前を覚え、さらに自分たちがどれだけ感謝しているかを全員に伝えるようにしていた。

アラン・ビーンはまた、養成クラスの私たちもキャリアのどこかの時点で、不可能とも思えることを実現するよう求められるときがいずれ来ると予言した。アラン自身、月飛行計画の任務を与えられたときにそう感じたという。彼らは当初、その目標は達成不可能だと思っていた。しかし、誰もが発言権をもつ多様性のあるチームを育てようとする優れたリーダーシップがあれば、みんなが課題について議論するようになり、これなら不可能ではないかもしれないと思いはじめる。

チームとして問題を解決するには、思考と発想の多様性が必要だ。私は、アランが語ったようなリーダーになり、不可能なことを要求されても、チームを率いてそれを実現できるようになりたいと思った。

年月を重ねるにつれて、私はリーダーシップが期待される役割を引き受けることが多くなった。最初は小さなチームだったが、最終的には私自身がハッブル宇宙望遠鏡への2回目のミッションとなるＳＴＩＳ（宇宙望遠鏡撮像分光器）の修理といった大規模な任務に携わった。ＳＴＩＳの修理は、それまでの船外活動のなかで最も複雑な任務だと言われていた。新しい発想、新しい手順、そして１００を超える新しい工具の開発が必要となるからだ。望遠鏡を修理する船外活動のリーダーとして、私はアランやほかのリーダーたちから学んだことを実践する機会を与えられたのである。

私たちはＮＡＳＡの各センターや全国の支援契約事業者から集まった熱心な技術者たちと素晴らしいチームを結成し、仕事をともにした。多彩な経歴や経験をもつ人たちが集まったチームだ。そんな、考え方や性格の大きく異なる人たちがグループで働くのは、時に困難なものだった。ここでは仮にサムと呼ぶ技術者に対して、私は自分なりに最高のアラン・ビーンを演じる必要があった。

サムの提案は多くの場合、理解に苦しむものだった。私たちには共通の理解があり、全員が協力して働いていると感じることが多かった一方で、サムだけは単独で考えていた。日頃からサムが何を言っても、チームから即座に却下された。

「ええ、そうですね……、それは素晴らしいですね、サム。検討してみてもいいかもしれません。それはともかく、いまはこれを進めましょう……」

私はアランから学んだことをすべて忘れて、一瞬、彼のことも切り捨てそうになった。しかし、心の奥ではチームリーダーとしてこの状況をうまく解消するのが自分の責務だとわかっていた。そこで、それからの数カ月間はリーダーシップで何より大切なことを思い起こすことを自分に課して、チームのすべてのメンバーに敬意をもち、全員を大事にする方法を見出そうとした。

私はアラン・ビーンになったつもりで、腰を据えて、サムとチームがうまくやっていくにはどうすればよいか考えた。そこで、リーダーシップで大切なことに関して、アランの導き出した帰結を思い出した。誰かと問題を抱えているときは、「相手のことが気に入らない」と考えてはいけない。そうではなくて、「自分は相手のことをよく知らない」と考えよう。すごいと思える点が見つかるまで、時間をかけて相手のことを理解しよう。そうすることで、チームは強くなる。

そこから私は、サムを理解することに重点を置いた。ミーティングのあとで彼と話をした。グループではなく個別に呼んで彼の考えを聞き出してわかったのは、彼が並外れて頭がいいということだった。先進工学の学位を取得し、彼も私と同じように、宇宙計画に参加することを子どものころから夢見ていたという。

しかし、サムについて私が最も感銘を受けたのは、彼の仕事ぶりとミッションへの献身だった。彼は仕事のことしか頭になく、人に好かれることには興味がなかった。彼の興味は、チームが成功する最高のチャンスを自分が提供することだけ。技術的な問題の解決に、集中しすぎるほど集中していた。ミーティングでの態度が配慮に欠けているのは、そのためかもしれない。

彼の話を聞くようになって、発想の多くがとにかくすごいことがわかった。彼は、自分たちが使用すべき工具や、別の使い方のできる技術を賢明にも見抜いていた。問題は、それらの洞察をいつ、どのように伝えるべきかを知らないせいで、チームのほかのメンバーから意見を無視されてしまうということだった。潜在的に価値のあるアイデアが失われていたのだ。

そこで私は、再びアラン・ビーンやピート・コンラッドならしたであろうことをした。つまり、彼にもっと手を差し伸べることにした。訓練中はそれまで以上に彼に敬意を示し、チームにブリーフィングする際は彼のほうに目を向け、彼のアイデアを強調した。また、チームがリラックスして親交を深め、お互いに理解しあえるようにさまざまな試みをした。NBLでの訓練が終わって迎える週末にはチームで飲みに行こうと声をかけ、仕事から離れた場でお互いを知るようになったことで新しいコミュニケーションやつながりが生まれた。

これらのすべてがチームに多大な影響を与えた。私たちの一人ひとりが、何かしらチームに貢献できるものをもっていること。かなりユニークな発想のなかには、私たちが考える以上に優れたものがありえること。むしろそういったものが、ミッションの成功に不可欠になるだろうことを皆が理解していった。

STISを分解する方策を練っていたとき、サムはいくつかの方法では電源基盤を取り出すのが困難になることを突き止め、それを解決する方法を考案した。彼が最初にそれを指摘したとき、私たちは懐疑的だったが、結果的に彼が正しかった。彼のアイデアはうまくいった。彼は、私ともチームのほかの宇宙飛行士、技術者とも異なるという点でいっそう貴重な存在となり、一方で、私たちも彼のユニークな視点から学ぶことができた。私は彼がチームにいることに心から感謝した。ここに至るまでは長い道のりだったが、アランのアドバイスのおかげでここまでやって来れた。私はリーダーとして力を発揮できるようになったのである。

✷　✷　✷　✷　✷

こうしてリーダーシップの求められる経験を積んでいくうちに、リーダーシップで何より大切なルールから導かれる帰結を自分なりに考えるようになった。私はそれを「好感貯金」と呼んでいる。サムとの関係でも私を助けてくれたのは、彼を理解するにつれて、彼の価値に気づいたことである。また、私たちには共通の優先事項や夢があり、例えば、子どものころから同じ目標をもち、ハッブル宇宙望遠鏡の修復に力を尽くしていた。私はそうした好感を「貯金」して、必要なときのために蓄えた。

というのも、私にはそうした蓄えが必要だったからだ。チームで働いたりチームを率いたりする難しさが、魔法のように一夜で消えたわけではない。このあと、ともに働いたり率いたりしたすべてのチームでも、コミュニケーションの問題や、チームをまとめあげる困難さは依然としてあった。しかし、そのような問題が生じるたびに、私はチームのメンバー全員についてこの「好感の貯金」を蓄えていたため、困難を伴うにもかかわらず、なぜ自分は人と働くのが好きなのかを思い出すことができた。イライラして「ああ、またか！」と思うのではなく、自分にこう言い聞かせた。

「この人は才気あふれる献身的な技術者で、いつだって悪気はない。だから、チームにうまく伝わっていないことがあれば、自分が理解するようにしよう。チームのために、その人がアイデアを磨くのを手伝おう」

このアプローチで私はあらゆる問題に前向きな心構えで取り組むことができ、悲観的になって諦めるのではなく、常に解決の道を模索することができた。

同僚や他者に対する「好感貯金」の根底にある精神は、「みんなで手をつないで、みんな素晴らしい、すべてが順調だというふりをする」ということではない。その逆だ。チームの誰もが欠点をもち、誰もが時に意見が合わなかったり、失望させたりすることがあると認識することだ。

私たちはみんな間違いを犯す。本心ではないことを言ってしまう。調子の悪い日には短気になる。チームリーダーはこうした問題に対処することを求められる。その前に、「好感貯金」をしよう。問題のチームメイトが過去にしたよい行為を思い起こし、自分はなぜその人物に敬意を抱いて大事にするのか、その人物はなぜチームの重要な一員なのかを考えよう。好感をもったうえで、問題に対処するのがいい。そうすれば、建設的で前向きに問題を解決できるようになるからだ。

反対にチームメイトに対する悪印象に左右されて意思決定を行えば、取り返しのつかない痛手を負う可能性がある。常に他者に否定的な思い込みを抱いたり、単純なミスに邪な動機を疑ったり、最悪に不調な日のその人を本来の人柄だと信じたりするようでは、失敗が運命づけられているようなものだ。どんな状況であっても、それでは良い結果につながらない。そんなことをしていると、頭のなかの最悪の筋書きどおりになってしまう。

そこで、リーダーシップにおいて何より大切なことを貫くために、まずは「好感貯金」をしよう。必要なときに、いつでもすればいい。チームメイトが気にくわないことをしたときや、同僚が問題を解決しようとして新たな問題を引き起こしたときなど、何であれ相手に不快感を抱いていると気づいたら、とにかくその場ですぐに自分を止めよう。その不快感にこだわってはいけない。否定的な考えを肯定的な考えに置き換えるのだ。同僚や配偶者、子どもがあなたのためにしてくれた素晴らしいこと、彼らのもっている素晴らしい資質をひとつ思い浮かべよう。否定的な考えが人間関係を損ない、チームの士気を下げ、素晴らしい一日を台無しにする前に、対処するのだ。

私生活でも仕事でも、周囲の人の大切にすべき点、尊敬できる点はたくさんある。忘れないでほしい。だからこそ、そもそも彼らは私たちの人生の一部になったのだから。

＊＊＊＊

ＮＡＳＡを引退した現在も、私はいつでもどこでも、アラン・ビーンのリーダーシップのルールを実践するよう努めている。講演や講義で全国各地を飛びまわっているが、それぞれの場所で私をサポートしてくれる人たちを常に自分のチームだと思っている。イベントプランナー、ＡＶ機器技術者、ＩＴ担当者、カメラマンなど全員が私のチームメイトであり、たとえ数時間だけであっても私は事実上のチームリーダーだ。彼らの支援にどれほど感謝しているかをなるべく伝えるようにし、学んだ教訓を実践している。すると彼らも私の講演が成功するように、いつも最善を尽くして応えてくれる。たとえ1、2時間交わるだけの存在だとしても、相手を大事に思い、相手の能力に敬意を示すことには大きな意義がある。

また、学術の世界で得た新しい役割でも、アランのアドバイスを活用している。私はコロンビア大学で学部生と院生を対象にした「有人宇宙飛行入門」、「航空宇宙人間工学」、「工学技術」などの講座を担当し、学生の宇宙同好会「コロンビア宇宙戦略」の顧問も務めている。初めに学生たちに、学問的な関心や興味のある職業、講座の受講理由についてアンケートを実施することで、学生一人ひとりのことを知るようにしている。そして、学生を自分が率いるチームの一員とみなして、彼らが自らの関心事や夢を追求する助けになるようなかかわり方を全力で模索している。

例えば、学生がいくつか指針を得られるように、各講座でグループプロジェクトを課すことにしている。グループプロジェクトはなかなか難しい。学生は講座の教材を習得するだけでなく、プロジェクトを成功させるために、おのおののスケジュールや担当を調整して協力し、効率よくやり遂げることを学ばなければならない。私は学生がよきチームメイトやリーダーになる方法に気づけるよう働きかける。チームが崩壊すれば、講座での学びも成長も破綻する。そうなりかけているのを見つけたら、NASAで学んだリーダーシップやチームのよい一員であることについて話をする。コロンビア大学での私の指導と助言の根底にあるのは、人類で4番目に月面を歩いた人物から学んだ、チームワークに関する、人生を変える教訓なのだと伝える。

リーダーシップとチームワークに関するアラン・ビーンの教訓は、文字どおり私の人生を変えた。宇宙飛行士養成クラスで初めて彼の講演を聞いてから数年のあいだに、私は彼と彼の妻のレスリーと親しくなり、絵を描く彼の自宅スタジオをよく訪ねた。彼の薫陶を受けさせようと、子どもを連れていくことも多かった。

彼の話を最後に聞いたのは、2017年に催された宇宙飛行士の同窓会だ。彼は新しく入るASCANSに向けて講演し、その20年前に私が聞いたのと同じ体験談と洞察を語った。講演のあと、レスリー・ビーンが私のところに来て言った。

「マイク、あなたにお願いしたいことがあるの」

「わかりました。何でもおっしゃってください」私は言った。

「アランの追悼式でスピーチをしていただけないかしら?」

心が凍りついた。「レスリー、何か私に隠していらっしゃいますか? アランはお変わりありませんか?」

「ええ、変わりないわ。でも、年をとってきているから、しっかりしているうちに計画を立てようって、ふたりで話してるの」

私はレスリーに言った。どんなことでも、あなたに頼まれたことをするのは光栄です。でも、それがずっとずっと先であることを願っています、と。

それから1年も経たない2018年5月25日、私は電話を受けた。アランが2週間前の旅行中に突然体調を崩して入院し、翌朝、亡くなったとのことだった。私はレスリーの依頼に応えて、ヒューストンで行われたアランの追悼式でスピーチをし、彼が私の人生にどれほど大きな影響を与えたかを話した。その後、アランがアポロ12号のクルー仲間だったチャールズ・コンラッド、リチャード・ゴードンと並んで埋葬されることになるアーリントン国立墓地での埋葬式で、棺を担ぐようレスリーに頼まれ快諾した。それは、私の人生で最も名誉なことのひとつだった。

一緒に棺を担いだのは、私の少年時代のヒーローで、まだ地球上にいて旅行できる程度に健康だった全員。アポロ11号のマイケル・コリンズとバズ・オルドリン、アポロ7号のウォルト・カニンガム、アポロ8号のウィリアム・アンダース、アポロ16号のチャールズ・デュークとケン・マッティングリー、スカイラブ3号のジャック・ルーズマ、アポロ13号のフレッド・ヘイズらもいた。こうした宇宙探査の伝説的な人物たちも、すでに80代後半か90代前半で、史上最も類まれな人生の最後の軌道に近づいていた。

墓地で彼らのそばに立ったとき、私はアランと過ごした時間、彼が長年にわたって私と分かちあってくれたすべてのことに思いを巡らせた。彼の叡智は未来の宇宙飛行士だけでなく、耳を傾けて学びたいと願うすべての人に語り継がれ、受け継がれるべきだ。そして、彼の最も貴重なアドバイスのひとつを、こうして読者のみなさんと分かちあえることを光栄に思う。

あなたのこれまでの上司やリーダーのなかに、あなた自身には無関心で、あなたが彼らのために何ができるかにだけ関心をもつ人はいただろうか？　私にはいた。そんな人物のために力になろうという気は起こらず、常にその人の動機を疑っていた。

あなたの能力を評価し、敬意を払ってくれる上司やリーダーはいただろうか？　私にはいた。一緒に働いていたときも、その後も、その人のためなら何でもしたいと思う。そういう関係は一生続く。

あなたはどんなチームメイトやリーダーになりたいだろうか？　まわりの人に助けてもらいたいなら、チームの全員に敬意をもち、全員を大事にする道を見つけよう。

リーダーといっても人それぞれだ。誰もが自分にとって最適なリーダーシップのあり方を見つける努力をすればいい。とはいえ、個性がどのように現れようとも、リーダーシップにおいて最も大切なことは万人に共通する。したがって、次のことを覚えておいてほしい。

◯よいリーダー、チームメイト、家族、配偶者、パートナー、親、コーチ、地域社会の一員、あるいは、ただよりよい人間になりたいなら、まわりにいるすべての人に敬意を払い、すべての人を大事にする道を見つけよう。

◯誰かに会って第一印象が悪かったとしても、結論を急いではいけない。チームのメンバーに好きになれない人がいても、よく知らないだけかもしれないと自分に言い聞かせよう。何か共通点を見つけてみよう。時間をかけて、その人について尊敬できる点、大切にすべき点を見つける努力をしよう。

◯それでも問題は起こる。そこで、チームのメンバー全員の名簿に目を通して、それぞれの人の魅力を考え、「好感貯金」を蓄えよう。そして、チームのメンバーとのあいだに問題が発生したときは、蓄えた好感を引き出そう。難しい問題やネガティブな問題に対処する前に、相手の長所や、その人のそばにいたいと思う理由を思い出そう。たとえどんな問題を抱えていたとしても、相手を尊敬し、大事に思っていることを真っ先に伝えよう。そうすれば、問題の解決はずっと容易になる。

生まれながらのリーダーはいない。実際、私たちのほとんどがそうではない。私も生まれながらのリーダーではないが、それでも日々、努力している。偉大な友人のアラン・ビーンに倣って実践している。優れたリーダーやチームメイトになるための第一歩であり、最も重要な教訓について、信念の揺らぐことがあれば彼の名前を思い出し、彼の指針に立ち返ってほしい。

ヒューストン、問題が発生した

Houston, We Have a Problem

困ったときは助けを求めよう。そして、あなたも誰かの助けになろう。

私にとって最初の宇宙飛行となったＳＴＳ－１０９ミッションのあと、私は宇宙飛行士が地上でできる最高の仕事だと思うようになった職務に任命された。ＣＡＰＣＯＭ《キャプコム》（宇宙船通信担当官）だ。『アポロ13』などの映画のおかげで、誰もが「ヒューストン」、別名「ミッションコントロール（管制室）」について知っている。これは、宇宙のかなたを飛行する宇宙飛行士を、地上からいつでも支援し援助するために警戒態勢をとっている大規模なチームだ。宇宙飛行士が任務の遂行中に問題と遭遇した際には、いつでもヒューストンが待機していることはよく知られているが、宇宙船との通信を担うＣＡＰＣＯＭの役割についてはあまり知られていない。

CAPCOMは管制室でフライトディレクタの隣に座っている宇宙飛行士で、宇宙船のクルーに直接話しかけ、地上からの指示や最新情報を伝えて支援する。CAPCOMはもともと「capsule communicator」の略で、マーキュリー計画の時代に宇宙船を「カプセル」と呼んでいたころから使われていた。とはいえ、ただ技術的な情報を取り次ぐだけにとどまらず、宇宙飛行士にひたすら寄り添うことがCAPCOMの主な仕事だ。故郷の地球から何百キロメートルも離れた宇宙にいるクルーにとって、頼れる相棒であり、頼みの綱だと言える。

宇宙にいて、無重力で浮かびながら月や星を眺めるのは、どんなに素晴らしいかといつも聞かれる。もちろん、素晴らしい。非常に素晴らしい。だが、それと同時に、途方もなく孤独なときもある。孤独なだけでなく、宇宙にいること自体が怖くなることもある。

例えばあなたが船外活動をするとき、その瞬間は太陽系のすべての場所で、そして私たちの知るかぎり、天の川銀河全体で、おそらく宇宙全体でも、真空の宇宙に存在する生命体はあなたと船外活動のパートナーの2人きりだ。そんなときに必要なのは、あなたをスペースシャトルにつなぎとめる命綱だけではない。あなたを人類につなぎとめる心の命綱も必要となる。その役割を果たすのがCAPCOMなのだ。

CAPCOMはあなたの耳元に声を届け、何をするときでもあなたを支え、落ち着かせてくれる。あらゆる場面で常にあなたと手をとりあい、スケジュールの変更を伝え、手順どおりに任務を遂行するのを助け、地上の運用管制チームで働く何十もの人との連絡係を務める。しかし、C

ＡＰＣＯＭはただ任務を支援するだけの存在ではない。家庭からの大事な知らせを、いいニュースも悪いニュースも共有する存在でもある。子どもがスペリングテストに合格したことを伝えたり、メッツが（またもや）９回裏にチャンスを逃したことについて同情したりしてくれる。危機的な瞬間には、ＣＡＰＣＯＭが唯一の心の支えかもしれない。

宇宙飛行士は円滑なコミュニケーションを早い段階で訓練し、その重要性を学ぶ。シミュレーションをする際はいつも、管制チームはＭＣＣ（ミッションコントロールセンター、運用管制室）に、宇宙飛行士はシミュレータのなかにいる。互いの施設は近くにあっても、宇宙から交信しているように体感するためだ。

通信のやりとりには意図的に遅延が挿入され、通信の途絶や雑音、私たちが断続的な通信あるいは「イライラする」通信の時間帯と呼ぶものまで再現される。このように通信を困難にするのは、接続に問題があっても救命に必要な情報を遠く離れた場所から共有する方法を見出せるように訓練するためだ。技術的な面から通信接続の手順や明瞭な通信のための適切な方法を習得するだけではない。途切れとぎれの通信を経験することによって、通信がいかに貴重で、いかに不可欠か、失うとどのような心境になるのかを理解できるようになる。

ＳＴＳ－１０９ミッションから帰還後に、私はようやくＣＡＰＣＯＭを務める機会を得た。というのも、この職務に就くには通常、宇宙飛行の経験が必要とされており、それが理にかなっているからだ。宇宙に身を置くということがどのようなものかを知っていれば、よりよい仕事をすることができ、宇宙にいる同僚をより効果的にサポートできる。また、宇宙で心理的なサポートをCAPCOMに頼った経験も必要だ。それがあれば、CAPCOMのサポートがどれほどなくてはならないものか、求められた際にどのように応じるべきかがわかる。

それからの数年間、私は多くのミッションと数えきれないほどのシミュレーションにおいて、MCCでCAPCOMとして働く機会に恵まれた。私が何より大切にしたのは、ヒューストン（管制室）がクルーの技術的な任務だけでなく、個人として心からクルーを気にかけていることを、クルーに確実に伝えることだった。

CAPCOMの任務はいつでも重要だ。だが、コロンビア号の事故直後ほど重要だったことはない。私はあらゆる面ですべてを注ぎ込んだ。そのころ、ISS（国際宇宙ステーション）には3人が滞在していたが、帰還の手段を失っていた。事故後、直ちにISSへのシャトル便が中止されたからだ。その3人とは、宇宙飛行士のドナルド・ペティ（愛称、ドン）とケン・バウアーソックス（愛称、ソックス）、ロシアのニコライ・ブダーリン飛行士だ。

ソックスは5回も宇宙飛行を経験したベテランで、私の最も敬愛する同僚のひとりだ。一方のドンは、養成クラスのクラスメイトで親友のひとりだ。ヒューストンが何百ものほかの問題への対応にあえいでいたとき、彼らも深刻な問題を抱えていた。とりわけドンが苦しんでいることはわかっていた。事故で非業の死を遂げたウィリアム・マッコールとても親しかったからだ。ドンは平らな駒をマジックテープで留める無重力チェス盤を発明し、ウィリーと2人でISSとシャトルのあいだで指し手をメールでやりとりしながら、チェスの宇宙対局をしていた。

宇宙飛行士室、MCC、そしてNASA全体が事故とその後の対応に集中していたなか、私たちはISSにいる同僚たちへの支援も継続しなければならなかった。彼らを帰還させる方法を考えながら、必ず帰還させると伝えて安心させ、帰還まで絶えず待機してサポートする必要があった。

その任務の多くがCAPCOMに委ねられた。最終的にはロシアのソユーズ宇宙船を救命ボートにして帰還させることになったが、それがいつ、どのように実現するかは未定だった。当面のあいだ、彼らは取り残され、孤立することになり、不安に陥っていた。事故後、彼らが軌道上に足留めされていた数週間に、私は何度も彼らのCAPCOMを務めた。

私はできるだけ頻繁に彼らと連絡をとり、支援のために取り組んでいる内容を伝え、質問にはすべて答えるようにした。いつでも交信できる態勢で彼らと会話し、地上での出来事や家族の様子、帰還に向けた進捗状況などについて最新情報を伝え続けた。彼らが何を必要としても、私たちが寄り添い、助けになると、確実に伝わるようにした。回答に1、2分以上かかる場合は、忘れられたと思わせないよう最新情報を伝え続けた。

とはいえ、彼らが感じているであろう深い孤独を理解していた私は、通常のCAPCOMの職務を超えて力にならなければと思った。頻繁にドンの家を訪ねて、妻のミッキィと双子の息子の様子を確認し、家族のCAPCOMも務めた。ある日の夕方には、彼らを連れ出して近くの広場へ行き、上空を飛行するＩＳＳを一緒に眺めた。ＩＳＳが見えてきたとき、ちょうど日没前の黄昏のなかを高速で移動する、輝く星のように見えた。みんなで地球からドンに手を振って大声で呼びかけた。私は、ドンが非常にきつい状況に置かれているあいだ、宇宙飛行士室の友人たちが家族を支えるために最善を尽くしていることを知ってほしかった。

数週間後、私は土曜日にドンとソックスのＣＡＰＣＯＭに割り当てられた。通常、ＩＳＳの土曜日は、仕事の遅れを取り戻し、宇宙ステーションを掃除し、リラックスする日で、これは地球に帰った宇宙飛行士の土曜日とほぼ同じだ。ガレージに出て家の改修プロジェクトに取り組んだり、趣味に没頭したりする。ドンもソックスもそんな週末を過ごすのが大好きだということは知っていた。ドンは、我が家で機械に困るといつも電話する相手だった。エアコンの水漏れを修理し、グリルのガスバーナーを直し、息子がボーイスカウトでつくっていた木製のレーシングカーの仕上げまで手伝ってくれたことがある。

その土曜日にＣＡＰＣＯＭの任務に就いたとき、ドンとソックスに家に帰ったような気分になってもらうには家の改修プロジェクトがよさそうだと思いついた。ちょうどＩＳＳの機器のひとつのメンテナンスを予定していた。冷却ファンか何かで、それほど重要な作業ではない。ただ、何もかもが普通ではないときに、これは土曜の午後の友人たちにとって、まさにもってこいの家改修プロジェクトになると思ったのだ。そこで、私は彼らに手伝うと言って一緒に手順を踏んで機器を分解し、テストして元に戻した。作業のあいだ、ガレージでそれぞれがプロジェクトに取り組んで過ごした土曜の午後について、代わるがわるずっと冗談を言いあっていた。彼らの意欲が急上昇しているのがわかった。とても楽しんでもらえたようだ。

ISSにとって重要な任務でもなく、宇宙科学における画期的な実験でもない。ただ、普通の生活を感じることで、彼らが抱いていたであろう孤独や不安から気を紛らわせるのが目的だった。修理が終わって機器が再び稼働すると、彼らからまるで家に帰って午後を過ごしたような気分になり、とても楽しい時間で素晴らしい気分転換になったとMCCに無線で報告があった。

ドンとソックスが地球に帰還したとき、私の支援がどれほどありがたかったかと謝意を伝えてくれた。地上が団結して自分たちのことを考え、支援してくれているのを感じられたそうだ。それで彼らは確信をもつことができ、最も困難なときに孤立感に襲われずにすんだと言ってくれた。私は彼らの思いやりに満ちた言葉に感謝した。私にとって意義深い言葉だったが、ただ自分の仕事をしているだけだと思っていたのに、ここまで感謝され、軽くショックを受けた。ドナルド・ペティとケン・バウアーソックスがISSに閉じ込められていたあいだ、どれほど励ましの声を必要としていたか、ひしひしと伝わった。

その6年後、今度は私が行き詰まる番となる。ISSではなく、自ら招いた問題で私は地球からの助けを必要とすることになるのである。

＊＊＊＊＊

ハッブル宇宙望遠鏡を構成するさまざまな科学機器は、すべてモジュール式で自己完結型だ。もちろん、その必要があるからだ。打ち上げや宇宙飛行といった過酷な環境に耐えうるように頑丈につくられるため、分解できるような設計にはなっていない。これまでの望遠鏡の修理ミッションでは、一部の機器が機能しなくなった場合は、原因が何であれ、既存の機器を取り外して新品と交換するだけでよかった。こうした機器を私たちは軌道上交換ユニット、または「ＯＲＵ」と呼んでいる。例えば、冷蔵庫の内部の電球が切れたとしよう。その場合、電球だけを交換するのではなく、冷蔵庫をまるごと交換するというわけだ。

通常、機器を取り外して交換する作業には標準ツールを用いてコネクタを外し、ボルトを緩め、古いＯＲＵを取り外して新しいＯＲＵを取り付け、ボルトを締め直してコネクタを再び連結する。すべてにこの手順が必要で、それだけでも十分に困難な作業だ。ましてや宇宙服を着て複雑な機械の修理を行うのは、ボクシングのグローブをはめて脳外科手術を行うようなもので、ＯＲＵの交換より繊細な作業は時間がかかりすぎるだけでなく、難度が高すぎると考えられていた。

ＮＡＳＡがハッブル宇宙望遠鏡の一部の機器を船外活動で修理しようと試みたのはＳＴＳ－125ミッションが初めてで、それまでは検討されたことさえなかった。ＯＲＵの保護カバーを取り外して内部をいじるなど不可能だと考えられていた。機器の内部にたどり着けたとしても、内部の部品は操作したり交換したりするには精緻で繊細すぎた。クリーンルームの環境以外で取り扱われたことはなく、最適な体勢で良好な照明条件の下、精密な工具を使って器用に操作することが求められた。照明の条件が悪く、体勢に制限があり、視界をヘルメットに遮られ、かさばる宇宙服と手袋を身につけた状況でこれらの部品を扱うなど、まったく考えられなかったのだ。

そんなとき、電気系統の故障によって、ＳＴＩＳ（宇宙望遠鏡撮像分光器）が機能しなくなってしまった。機器自体はまったく問題なく、ただ電源が入らなくなっただけだが、これが問題だった。ＳＴＩＳは、紫外線、可視光線、近赤外線といったさまざまな波長を検出して測定できる、非常に優れた装置だ。ブラックホールを探したり、地球に似た惑星を探すために、ほかの星を周回する遠く離れた惑星の大気を分析したりする能力がある。ＳＴＩＳは、宇宙の生命探査の要といっても過言ではない。

残念ながら交換できるユニットはなく、新たに製作する資金もない。標準的なモジュール交換は不可能。それでもＳＴＩＳはきわめて重要な機器だ。そこで私たちは、不可能に挑戦することにした。宇宙でＳＴＩＳを分解し、電源を取り外して交換し、復活させるのだ。そのための船外活動の方法を確立するために、技術チームとアイデアを交換しはじめた。実現するには、１００を超える新しい工具の開発が必要となる。それらを設計し、試験し、製造し、使用手順を考え、訓練するのに何年もかかった。これまでに試みられた船外活動のなかで、最も繊細で困難な作業である。そして、私は修理にあたる船外活動者のリーダーに選ばれた。

シャトル計画はすでに終焉に向かっていたため、私たちは全員、これがハッブル宇宙望遠鏡を修理する最後の、最高の、そして唯一のチャンスとなることをわかっていた。一発勝負で、ミスは許されない。私はできるかぎりの訓練と研究をし、手順を一つひとつ、何度も何度も練習した。私たちは起こりうるあらゆる失敗に備えた。計画どおりに進まないあらゆる些細な不測の事態を想定し、対応策を次から次へと用意した。

この任務で困難をきわめたのは、電源の前面にあるアクセスパネルの取り外しだ。パネルは111本の小さなネジで固定されており、一つひとつのネジ山が座金と接着剤で決して緩まないようになっていた。私は、ネジ1本も落としたり失くしたりすることなく本棚を組み立てたことすらない。それなのに無重力の宇宙で、かさばる手袋を着けて作業することになり、ネジや座金をひとつでも取り落とすわけにはいかなかった。もし放してしまったら、それ以降に望遠鏡の光学部品に入り込んで内部で浮かんでしまうかもしれない。そうなれば、それ以降に望遠鏡が撮影するすべての画像にネジの輪郭が写り込むことになる。言うまでもなく、そんな結末は受け入れられない。

逆に最も簡単だったのは、何年も前に宇宙飛行士が望遠鏡に機器を取り付ける際に使用した手すりを取り外すことだった。STISを開けることは想定されていなかったため、その手すりが111本の小さなネジの一部を外すのに邪魔になっていた。とはいえ、手すりを取り外すのは大したことではない。手すりは上部に2本、下部に2本、合計4本の大きなボルトで固定されており、すべて標準電動工具で取り外すことができる。チェックリスト（手順書）にも「手すりのボルトを4本、取り外す」という1行だけだ。30秒もかからずにできる作業で、代替手順も必要ない。あまりに簡単な作業で、私でも失敗のしようがなかった。少なくとも私たちはそう思っていた。

数年前、私はすでにNASAを離れたあとだったが、ISSにいる宇宙飛行士のアンドリュー・モーガンから電話を受けた（もしも市外局番281のあとに市内局番244の電話がかかってきたら、出てみよう。国際宇宙ステーションからかかってきている可能性がある）。アルファ磁気分光器のメンテナンスで複雑な船外活動を控えていたドリューが、STISでの経験から何かアドバイスはないかと私に電話をかけてきたのだ。そこで私は彼に言った。船外活動のいちばん難しい箇所を何より心配しているかもしれないが、簡単だと思っている箇所を決して過小評価したり見落としたりしては・い・け・な・い。簡単な作業でも、問題が発生する可能性がある。十分に注意を払うべきだ、と。

私がドリューにそんなアドバイスをしたのには、訳があった。私自身、STISの船外活動でありえないミスを犯して窮地に陥った経験があり、その日のCAPCOMが養成クラスのクラスメイトであり親友のひとりのダン・バーバンクだったことにずっと感謝しているからだった。ダンと私はASCANのオリエンテーションですぐに意気投合した。彼は私から見て、クラスで最高の宇宙飛行士のひとりであり、NASAがこれまでに選抜したなかで最高の宇宙飛行士のひとりである。

私たちがNASAに到着してわずか数カ月後のことだが、私の父が白血病と診断され、治療を受けるためにヒューストンの病院に来た。治療の甲斐なく病状が悪化し、白血球のドナーが必要になったのだが、当時、これはドナーの健康に悪影響を及ぼしかねない、幾分リスクのある献血だった。もちろん、私は父を救うために献血する。宇宙飛行の資格にもかかわる可能性があり、宇宙飛行士は常に健康を気遣っているため、ほかの宇宙飛行士が献血するなどとはまったく考えもしなかった。ところが、ダンは志願してくれた。

私は彼にリスクについて説明した。小さいとはいえ、やはりリスクは存在するからだ。ダンは瞬きすらせずに、わかっているという笑みをただ私に向けて、「ええ、それでいつ行きますか?」と言ったのだ。その日の午後、白血球を採取するためにヒューストンのダウンタウンにある病院に2人で向かった。

他者に手を差し伸べるということに関して、なぜダンがそんなにも勇敢で寛大なのか、私はいっぺんに興味を惹かれた。その答えは数年後にわかることになる。NASAに入る前、ダンは沿岸警備隊のヘリコプターのパイロットで、海上から人命救助にあたり、危険な状況に飛び込むことも多かった。セバスチャン・ユンガーのベストセラー本が原作で、ジョージ・クルーニーとマーク・ウォールバーグが主演した大ヒット映画『パーフェクト・ストーム』の世界そのものだ。

物語では主に海で行方不明になった商業漁船に焦点が当たっているが、同じ嵐に巻き込まれた民間の小型ヨットを救助するエピソードが並行して語られる。海難救助ヘリコプターがヨットの乗員を助けるも、嵐のせいで燃料の補給ができず、真夜中に海上に不時着せざるをえなくなる。このとき、2機目のヘリコプターの隊員が不時着したヘリコプターの隊員を救助するべく危険な海域へ派遣される。尋常ではない勇敢な行為だ。この映画を見た次の月曜日にダンとオフィスでばったり出くわした私は、映画の感想を聞いたりどれほど事実に基づいているのかと尋ねたりした。ダンによれば、映画はいくらか事実から逸脱しているものの、かなり正確だということだった。2機目のヘリコプターの隊員が泳いで救助に向かうには過酷な状況（波の高さ9～12メートル、風速毎秒51メートル以上）だったため、結局、サーチライトで救助エリアを照らすことで、沿岸警備隊の巡視船「タマロア号」の英雄たちが救助活動を行うのに協力したそうだ。

　彼は救助の詳細を何気なく説明していたが、現実に関係者の身に起こったことをかなり細部まで知っているのは明らかだった。なぜそんなに詳しいのか尋ねると、沿岸警備隊の2機目のヘリコプターのパイロットで、不時着したヘリコプターの隊員を救助するために危険な状況へ飛び込んだのは自分だと控えめな口調で言った。それがダン・バーバンクだ。助けが必要なときに頼れる人、命懸けで他者を救う男だ。

　ダンが私のＣＡＰＣＯＭを務めてくれるときはいつでも、普段以上に自信がわいた。ハッブル宇宙望遠鏡の修理に関する機械の問題であろうと、宇宙服に関する命を脅かす問題であろうと、どんな厄介事が待ち受けていても、ＭＣＣにダンがいれば、きっとなんとかなると思えた。

　そして、いよいよＳＴＩＳの修理の日、私は自分が思っていた以上にダンを必要とすることになる。海で途方に暮れるどころではない。私は宇宙で途方に暮れてしまったのだ。

　ＳＴＩＳを修理する船外活動は、たまたま日曜日に行われることになった。通常、ハッブル宇宙望遠鏡を担当する技術者にとって日曜は休日だが、その日は違った。何らかの問題が発生した場合に備えて、連絡系統が確立されていた。管制室でダン・バーバンクの隣に座っていたのは、きわめて優秀で信頼できる2人の人物だった。1人はフライトディレクタのトニー・チェッカーチ。ダンとトニーのすぐ後ろのコンソールテーブルに腰かけていたのは、私たちの船外活動の主任インストラクターであるトマス・ゴンザレス＝トレスだった。JSC（ジョンソン宇宙センター）のEVA（船外活動）後方支援室からトマスをサポートしていたのは、もう1人の優秀な船外活動インストラクターであるクリスティ・ハンセンだ。ヒューストンのMCCにある別のハッブル後方支援室には、ハッブル宇宙望遠鏡システム管理者のジェイムズ・コルボ率いるハッブル修理サポートチームがいた。コルボはメリーランド州のゴダード宇宙飛行センターから駆けつけていた。また、ゴダード宇宙飛行センターでジェイムズ・コルボをサポートしていたのは、宇宙望遠鏡運用管理センターの技術者であるジェイムズ・クーパーと整備対応チームのリーダーであるジェフ・ロディンで、ゴダード宇宙飛行センターの29号館の会議室から見守っていた。

彼らは宇宙飛行士なら誰もが望む最高のチームで、メンバー全員が国中のそれぞれのチームとともに、素敵な日曜の昼下がりに船外活動を支援するために準備万端で待機していた。とはいえ、CAPCOMのダン・バーバンクを除いて、宇宙にいる私たちには見えない存在である。フライトディレクタのトニー・チェッカーチが全員の意見をとりまとめて最終的な決定を下したり行動の方針を示したりし、ダンが軌道上にいる私たちにその決定を伝える。私たちが直接話すのはダンであり、ヘッドセットから聞こえてくるのも彼の声だけだ。連絡係を務めてくれるダンを信頼し、彼なら安全に任務を完遂するために必要な支援をしてくれると期待していた。

ついにその日が来た。私はパートナーのマイケル・グッド（愛称、ブエノ）とともにエアロックを出発した。完璧な一日にしたい、というのが私の思いだったが、そもそも仕事で完璧な一日を過ごしたことなどあるだろうか？ トラブルもなく、問題もなく、ただただ順風満帆な日。それでも、そんな日になってほしいと願いながら、船外活動は順調に始まった。

私たちは、これまでにハッブル宇宙望遠鏡の修理ミッションで船外活動をしたどのクルーよりもしっかりと訓練されていた。加えてヒューストンとゴダード宇宙飛行センターの地上チームも万全の備えをして、注意深く見守ってくれている。最初の1時間ほどはすべてが滞りなく進んだ。予定より早いくらいで、完璧な一日になりそうだった。

そして、手すりを外すときが来た。チェックリストを確認する。「手すりのボルトを4本、取り外す」、楽勝だ。私は電動工具を手に取り、作業にとりかかった。JSCとゴダードのチームは、私のヘルメットのカメラから送信される映像で私の動きを逐一監視し、電動工具を操作する手元を見ることができた。上部の2本のボルトは簡単に外れた。左下のボルトもだ。ところが、右下のボルトが問題だった。どういうわけか、電動工具がくるくると回転し続けた。「早くしてくれ。今日はもっと大事な作業が控えてるんだ」と私は思ったが、ただまわるばかり。いよいよ数分が経ち、どうなっているのか確認したほうがよさそうだと思いいたった。

ボルトは低い位置にあり、視界から外れていた。そもそもヘルメットが大きく、照明も乏しいため視界が悪い。そこで、私は足の固定器具を外して下に移動し、よく見てみた。自分が何をしたのか、わかった。ボルトの頭をつぶしていたのだ。もはやきれいな六角形ではなく、傷んで使いものにならなくなっていた。

その瞬間、次々と連想が頭をよぎった。ボルトが抜けないということは、手すりが外れないということだ。111本の小さなネジは抜けず、STISは復活しない、つまり天文学者が宇宙で生命を発見することは決してない、そして世界中が永遠に私を非難する。そう、すべては私のせいなのだから。

私は望遠鏡から身を反らせて、地球を見やった。太平洋上だ。その茫洋とした海に視線を注ぎながら、いま自分を救ってくれる工具店などないなと思った。「どうすればこの状況を打開できるだろうか？　助けになってくれる人も物も、何もかも遠い」。深い孤独感に襲われた。土曜の午後に家で読書しているときのような孤独ではない。新しい学校の初日に友人がひとりもいないような孤独だ。地球から切り離され、助けてくれるチームからも切り離されたように感じた。

STISと修理について何から何まで熟知していた私は、自分のしでかしたことに解決策のないことをわかっていた。111本の小さなネジであれば、代替手順、つぶれたネジを簡単に外せるドリルビット、ボルトの頭部を破壊するドリルビットを用意していた。もしネジ穴をつぶしてしまっても、ほかの手段があった。でも、手すりの大きなボルトの頭をつぶしてしまったら？　残された手段は何もない。あまりにも簡単な作業で、失敗する宇宙飛行士などいるはずがなく、私ですら失敗はありえなかった。しかし、残念ながら、私はその想定が間違っていたことを証明してしまった。

そしてすぐに自分のしたことを認め、広範囲のチームに起こったことを伝えるべきだと思った。報告すると、耳元に聞こえてきたのはダンの声だった。至って落ち着いた、心から安心させてくれる声だ。「オーケー、問題ない。何ができるか、考えてみよう」と彼は言った。

それから1時間ほど、私たちは思いつくかぎりのことを何でも試した。ダンは次々にアイデアを出して、私たちを忙しくさせてくれた。彼はまさに適任だった。彼の父親は工業技術の教師で、家の修繕に関する自身の知識とスキルをダンに伝え、息子はそれを惜しみなく使ってこれまでも私を助けてくれた。私が屋根裏を歩きまわって、踏んではいけないところを誤って踏み抜いてしまったとき、天井に開いた穴の修理を2度も手伝ってくれたこともある。

そんなわけで、ダンは地上チームが解決策を探っていると言って私たちを安心させる一方で、電動工具の先端につけるビットをいろいろ付け替えて手すりの土台を取り外すなど、さまざまな提案をして私たちの関心を引き続けた。しかし、ダンの指示どおりにしても、どれもうまくいかなかった。いっそのことダンが工具一式をもって転送ビームで軌道に来て、私のさっきのミスを修正してくれればいいのにとずっと考えていた。

そのころヒューストンでは、ハッブル後方支援室での議論から少し抜けて状況についてひとり思案していたジェイムズ・コルボが、「もしガレージにいたら、どうするだろうか?」という自問にたどり着いていた。高度な技術が機能しなくなったときは、力ずくで対処するのがしばしば最善の選択肢になることを思い出した。手すりは上部が外れ、下部もボルトが1本しか残っていないのだから、壊して取ってしまえばいいのではないか?

望遠鏡の手すりを引きはがすというアイデアは、私も仲間のクルーもMCCの幹部も誰ひとり思いつかなかった。宇宙でそんなことをするように訓練を受けたこともなければ、考えたこともなかったからだ。宇宙で金属を壊すのは、一般的には悪い考えだ。破片が生じて望遠鏡の内部に入り込み、光学機器を損傷する可能性がある。それどころか、破片が私やブエノに跳ね返って宇宙服が傷つくこともありえる。それでも、望みがほとんどない状況では、何でも検討してみる価値がある。刻一刻と時間が過ぎていき、宇宙服に備えられた酸素や電力、二酸化炭素の除去能力などが徐々に消耗していくなか、いつまでも宇宙で試行錯誤を続けることはできなかった。たとえ手すりの問題が解決したとしても、修理を完了するにはまだ十分な時間が必要であり、タイムリミットがすでに近づいていた。

ジェイムズ・コルボはゴダードのジェイムズ・クーパーに連絡し、自分のアイデアを伝えた。それから29号館にいるジェフ・ロディンにも連絡した。ジェフと彼のチームは、ゴダードのクリーンルームから似たような手すりを持ち出して、軌道上と同じ条件、つまり3本のボルトが外れて上部が緩み、残りの1本が手すりの右下にある状態に設置すると、すぐに計画を立てた。そして、手すりの外れたほうの先端に魚の重さを量る計器を付けて引っ張ったところ、量りが27キログラムの力を示したときに手すりが壊れて飛んでいった。

ジェイムズ・クーパーは、連絡系統に従ってJSCのジェイムズ・コルボに結果を報告。それを受けて、ジェイムズ・コルボはMCCのEVA後方支援室にいるクリスティに情報を伝えた。クリスティとトマスは、トニー・チェッカーチに説明した。最終決定を下すのは、トニーだ。上からも下からも、彼の決定を覆したり、彼に代わって選択したりしようとする干渉はなかった。トニーは自分のチームと私たちの能力を熟知している。緊張を強いられる状況下で、私に何ができるかを理解し、その計画を承認した。

私が最初にそれを聞いたのは、ダンからだった。

「なあ、マス。俺たちは何かをつかんだ気がするよ」。興奮しながらも自信に満ちた口調から、何かいい知らせなのだとわかった。彼は私と仲間のクルーに、彼らが検討している計画を伝えた。それはまるで、我が家のキッチンの配線を変える計画をプレゼンしているみたいだった。ちなみに彼は、その計画も実際に手伝ってくれたことがある。それからダンは私に詳細を説明し、ブエノと一緒に手すりの下部をカプトンテープでなるべくきっちり巻くように言った。そうすれば、破損時に確実に発生する破片を封じ込めることができる。あとは、残ったボルトが抜けるように、手すりの上部を何度か強く引っ張って、最終的に必要な27キログラムの力がかかるようにすればよかった。

「ダン。それはいいアイデアだ」と、私は言った。

ブエノの助けを借りて、手すりにテープをできるかぎりきっちりと巻いた。まるでボーイスカウトの2人が一緒にロープを結んでいるようだった。そして、準備ができたと報告した。その瞬間、ダンは別世界にいるにもかかわらず、家のガレージで一緒に作業しているかのように、すぐそばに彼を感じた。

「こちらアトランティス号。ヒューストン、いま映像はありませんが、準備は整いました」と、ダンが通信連絡を入れた。つまり、MCCは私が手すりを壊して外そうとする様子をヘルメットのカメラ越しに見ることはできないという意味だ。しかし、それでよかったのかもしれない。「少なくとも、彼らが見て不安になることはない」と、私は思った。

「了解」私は言った。「さあ、始めよう」

ボルトが緩みかけるのを感じるまで、手すりを数回引っ張った。そして最後にもう一度強く引っ張ると、……外れた！

「外れた！」と叫んだあと、私は少し落ち着いて「廃棄用の袋をください」と付け加えた。手すりを入れて地球に持ち帰るために必要な袋だ。ブエノはこの上なくうれしそうに袋を見せて、手すりを受け取ると、安全に保管するために袋にしまってくれた。これでその日の成功を邪魔するものはなくなった。私はやり直す機会を得たことに心から感謝した。

その後、またダンの声が無線から聞こえてきた。「それは素晴らしい知らせだ」と、彼は言った。「では、通常の予定されていた計画に戻ろう」

残りの修理はうまくいった。相棒がすべての手順に力を貸してくれた。解決策が見つかり、任務を続行できることに彼がとても喜んでいるのがわかった。私はもう何も壊さないように細心の注意を払った。ＳＴＩＳは復活し、ハッブル宇宙望遠鏡は宇宙のさらなる謎をいくらでも解き明かすことができるようになった。

私はミスから立ち直ることができたが、それはひとえにダン・バーバンクのおかげだ。あの日、彼の支援がなかったら、すべては違っていただろう。必要な手順や技術的な情報を教えてもらったというだけにとどまらない。地球上で最も優秀な宇宙飛行士で親友のダンなら、私たちの成功のためにきっと全力を尽くしてくれると思うことができた。ダンはうろたえたり、失望したり、イライラしたりする様子をまったく見せなかった。

あとになって、ＭＣＣやゴダード宇宙飛行センターの舞台裏がどれほど必死で騒然としていたかを知らされたが、ダンは落ち着いて冷静さを保ち、すべてがうまくいくと思わせてくれた。決して非難したり悲観的になったりすることなく、私たちの士気を保ち、解決策は見つかるという希望を抱かせてくれた。彼の熱意、人生に対する楽観的な見方、そしてＣＡＰＣＯＭとしての職務への献身のおかげで、私は自分の宇宙飛行士としてのキャリアのなかで最も困難でやりがいのある課題を乗り越えることができたのだ。彼は私が最も必要としていたときに、寄り添い、助けになってくれた。あの日、ＭＣＣでダンが私の命綱だったことに、私はずっと変わらず感謝し続けるだろう。

宇宙では、ともすれば、自分がひとり切り離されて、気にかけてくれる人などいないような気分になってしまう。小さなキャビンのなかで仲間のクルーに囲まれ、地上からは何百もの人々が一挙一動を見守っているのだから、それはありえないと思うかもしれない。しかし宇宙飛行士も人間であり、実際はともかく、すっかり忘れ去られているように感じることがよくある。だからこそ、CAPCOMの仕事がきわめて重要なのである。

新型コロナウイルス感染症の世界的流行では、とりわけ最初の数カ月間は孤独を強く感じ、近くにいるのが当たり前だった自分以外の80億人と、560キロメートル余りも離れているような気分を誰もが味わったことだろう。最悪の状況は去ったとはいえ、いまなお私たちの多くはかつてないほどに分断され孤立し、ときに「イライラする」通信に頼って、世界中の同僚とリモートで仕事をしたり連絡をとりあったりしている。チームメイトに会って物理的に一緒にいることができなくても、必要なときには寄り添い、力になってくれることを忘れてはいけない。

それと同時に、パンデミックの経験を通して、同僚と直接会って、現実世界で理解を深めていくことの重要性も浮き彫りとなった。ダン・バーバンクとはプロジェクトに取り組んだり、ただのんびりしたり、夕食をしたりして何時間も一緒に過ごすうちに、いちばん親しい友人の1人になった。トニー・チェッカーチャやハッブル宇宙望遠鏡に携わる技術者のみんなとも、さまざまな訓練やチームビルディングの演習で何時間もともに過ごしてきた。

関係を築き、お互いの長所と短所を理解し、成果を上げるためにお互いがどのように助けあうべきかを学ぶには、そうしてともに過ごす時間が必要なのだ。危機が発生する前に関係を築いておけば、急を要する意思決定や問題解決を迫られた際に大いに助かる。遠距離のバーチャルコミュニケーションは多くの点で革命であり、命の恩人ではあるが、時間を投資して基盤を築いた人間関係をあくまで補うものとしてしか機能しない。

宇宙飛行士にとって、ＣＡＰＣＯＭとＭＣＣはいつでも電話一本でつながることができる存在だ。地球上の日常生活では、自分自身のヒューストンが誰か、つまり自分のためにその役割を担ってくれる人、そして自分も助けになれる人が誰かを知っておく必要がある。

職場で、誰も答えられないような問題を相談できる相手になろう。

頼みごとがあるときや、ただ話し相手がほしいときに相談に乗れる友人になろう。

大切な人が失望したときに、慰めを与えられるパートナーになろう。

子どもが大きな決断をしたり問題を抱えたりしたときに、いつでも相談できる親になろう。

簡単なことではないが、宇宙で困ったときに頼りになるＣＡＰＣＯＭが必要なのと同様に、日常生活のなかでも誰かが私たちの助けを必要としている。

誰もが宇宙へ行くわけではないが、軌道上で感じるのに負けず劣らず孤独で孤立していると感じるときが人生にはある。誰もが漂流しているような、途方に暮れる瞬間がある。だからこそ、あなたがそうした状況に陥ったときや、あなたの周囲で誰かがそうした状況に陥ったときには、次のことを思い出してほしい。


◗あなたはひとりではない。助けてくれる人を見つけて、その人に連絡しよう。その人をあなたのミッションコントロールセンター（運用管制室）だと考えよう。

◗職場や家庭で誰かがつらい思いをしていそうだと感じたら、その人に様子を尋ねてみよう。そして、あなたがその人のCAPCOMになろう。

◗危機がなくても、責任を感じる相手に連絡して状況を確認しよう。必要なときには、いつでもあなたがついている、宇宙の業界用語で言えば「待機している」ことを知らせよう。

◗顧客、同僚、愛する人など、あなたに連絡してくる人がいたら、その人が最優先であり、迷惑ではないと伝えよう。その問題はその人だけの問題ではなく、一緒に解決するまであなたがそばについていると言って安心させてあげよう。


人生は大変だ。でも、命綱があればずっと楽になる。友人や同僚に「ヒューストン、問題が発生した」と、声をかけることを恐れないでほしい。でも、「ヒューストン」が変だと思うなら、それを言う必要はない。

30秒ルール

誰だってミスをする。ミスへの対処法を身につけよう。

The Thirty-Second Rule

６歳の少年だった私が、月面に最初の一歩を踏み出すニール・アームストロングを見て、宇宙飛行士になりたいという思いに心を奪われたのは、ただ自分も宇宙へ行きたかったからではない。もちろん、宇宙へ行くのは面白そうだった。でも、それだけではない。私は、アームストロングやアラン・シェパード、ジョン・グレンをはじめとする宇宙飛行士のようになりたいと思ったのだ。そういう人たちの1人になりたかった。彼らの仲間に入りたかった。所属できたらとても格好いいクラブに思えた。

子ども時代のこうした思いのせいで、私は英雄崇拝とでも言うべきものをかなり引きずっていた。宇宙計画で憧れの人に会うたびに、あの6歳の子どもに返るようだった。それは、長く険しいキャリアパスを歩み続けるうえで、底なしの情熱を与えてくれたという点では力になった。しかし、彼らに対して歪んだ人物像を抱いてしまったという点では不都合だった。

宇宙飛行士もただの人間だ。もちろん、とびきり素晴らしい人たちだが、同じ人間であることに変わりはない。そして、人間は誰だってミスをする。ところが私はそのようには考えず、実際以上に彼らを大きな存在として見ていた。崇拝していたのだ。誰かを崇拝するということは、言葉の定義上、自分自身を崇拝対象よりも劣った存在だとみなすということだ。彼らは完璧で、私は完璧ではない。彼らにはしかるべき資質があったが、たぶん私にはない、と。前述したように、私が数年間、宇宙への夢を棚上げしていたのは、おそらくそうした理由からだった。

挑戦するとひとたび決心してからは（１００万分の1はゼロではないと気づいた！）、ひといちばい失敗を経験した。ほんとうにひどい失敗だ。ＭＩＴの大学院に出願したとき、出願する学部を間違えた。工学部の技術政策課程に出願するつもりが、政治学部の科学・技術・社会課程にうっかり出願してしまった。籍のない大学院に現れた私を見て、大学は確認作業に追われたが、幸運にも、私は希望する学部の大学院へ移ることができた。

その後、大学院にはなんとか入ったものの、危うく卒業できないところだった。博士号取得試験を初めて受けたときに大失敗してしまい、試験後に指導教官が私を座らせて「君には向いていないかもしれない」と言ったほどだった。私はひどく意気消沈し、博士号の取得をあきらめかけた。自家用機パイロット免許試験でも、１回目のゴーアラウンド（着陸復行）で不合格になった。空中で迷子になったのだ。

私のキャリアで最悪の腹打ち飛び込みのような大失態となったのは、その言葉どおりの失敗だった。ＮＡＳＡに入ったばかりのころ、ほかの新人宇宙飛行士と一緒にフロリダ州のペンサコーラ海軍航空基地に送られ、水上サバイバ訓練を受けた。その訓練にはパラセーリングの習得も含まれており、私たちは全員、水面からかなり高いところに広々とした甲板のある船に乗せられた。そしてメキシコ湾に着くと、モーターボートが引っ張る牽引ロープに１人ずつつながれた。モーターボートが動き出すと、ロープが引っ張られるのを感じて走り出し、パラシュートが膨らんで船から飛び立つ。甲板がとても高く水面までかなりの距離があるだけでなく、前述したように泳ぎが得意ではない私は緊張した。

私の前に飛ぶ宇宙飛行士はステファニー・ウィルソンで、彼女の体重はおそらく45キログラムくらいだっただろう。彼女は走り出し、甲板の端から跳び上がって鳥のように飛び去った。次に私の番だ。ハーネスをつけられ、ロープが引っ張られるのを感じて走り出した。甲板の端まで行ってできるだけ高く跳び上がり、鳥のように……は飛べなかった。岩のようにまっすぐ落ちた。およそ７・５メートル落下して、私は水面に打ちつけられた。

バン！　ロープがぴんと張り、ハーネスが引っ張られ、時速１３０キロメートル近い速さで水上を引きずられた。やがて救命胴衣が風船のように破裂し、パラシュートに水が入り、私は必死に呼吸しようとメキシコ湾で息も絶えだえになった。運よく引き上げられ、医師の診察を受けて、私はもう一度チャレンジした。2度目の試みはそれよりはましで、万事うまくいった。

要するに、私は失敗したことがあるということだ。それも、たくさん。みんなそうだ。ただ、それを認めたがらないだけなのだ。

ミスを犯したら、たいてい即座に何らかの形で否定しようとする。だが、すでに述べたように、まわりが同じミスを繰り返すことのないように、あるいは自分の招いたミスの結果に自分自身が苦しむことのないように、ミスを認めることはきわめて重要だ。それにもかかわらず、犯したミスを他者にも自分自身にもなかなか認めようとせず、すべてが順調であるかのように装い続けてしまう。それはなぜか。理由は明らかだろう。誰も落伍者だとは思われたくないからだ。誰も大きな勝負やプロジェクトを台無しにした張本人だとは思われたくないからだ。その思いがどのような形で現れるかは、性格によって異なる。なかには途轍もなく傲慢で、否認の気持ちが自分のアイデンティティ全体を覆い尽くしてしまう人もいる。そういう人は、自分が何か間違ったことをしたという事実をどこまでも受け入れられない。いつでも何でも誰かのせいにする。逆の方向へ向かう人もいる。不安や劣等感から、場違いなところに紛れ込んだ偽者だとばれるのを恐れるあまり、自分の間違いを否定しようとする。

ミスを否定しなくても、ミスについてくよくよ考え続けることが多い。ミスに固執して、反芻する。後悔に苛まれ、頭のなかでミスを思い返してばかりいる。違うやり方でやればよかったと、思いつくかぎりのことを並べあげる。これは回避という心の防衛反応だ。過去のミスに固執することで、ミスから学ばず、未来に向けた行動をしない言い訳にする。気をつけなければ、たったひとつの後悔が、残りの人生を狂わせる言い訳になりかねない。

実は、私は否定するより固執するタイプだった。気のすむまで、自分を責めたくなる。自分の殻に閉じこもって「ああ、あれはとんでもない失敗だった」と、何度も何度も心のなかでつぶやく。大学院で博士号取得試験に落ちたときもそうだったが、若いころは1週間、時にはそれ以上、自分を責め続けたものだ。いいことは何もない。というのも、⑴何も達成できず、⑵その1週間は二度と取り戻せないからだ。

言うまでもなく、宇宙では1週間も無駄にするわけにはいかない。一つひとつの行動が生死を分けるときにミスにこだわっている時間も、後悔に浸っている余裕もない。とはいえ、ミスをないものとしてただ無視することもできない。先の「声をあげよう」の章で説明したように、致命的な結果につながる可能性があるからだ。

結局のところ、個人や組織が成功するためには、⑴ミスを防止するようなシステムを適宜導入し、⑵ミスが起こったときには適切に対処するシステムを構築する努力を惜しんではいけない。ミスは必ず起こるからだ。NASAは、あらゆる安全点検や安全手順を用意し、どちらも効果的に機能している。

一方で最も脆弱なのは、たいてい人的要因だ。つまり、個人的な問題を抱える宇宙飛行士や技術者は、どうしてもそれに気を取られてしまうのだ。私にとって優秀な船外活動者になるということは、何日間もあれこれ思い返して自分を責め続けてしまうというこの問題への対処法を身につけることを意味した。

ＮＡＳＡに入って４年目、船外活動の訓練を始めて間もないころに、ＮＡＳＡの幹部が今後のミッションのひとつとして、ハッブル宇宙望遠鏡の必要な更新と修理をすると発表した。それまでハッブルで船外活動をした新人はいなかったが、そのフライトで船外活動にあたる４人のうち、１人は新人が選ばれることになった。私はその１人になりたかったし、上司から注意深く観察されているのも感じた。その瞬間から自分の行動のすべてがハッブルのミッションで飛行するためのオーディションになるのだと心のなかで思った。緊張すると同時に、ベストを尽くすと決めた。

船外活動は難しい任務だ。ただ宇宙に浮かんで眺めを楽しむわけではない。重力のない世界で、加圧されたかさばる宇宙服に閉じ込められたまま、乏しい視界で、高度な技術を要する作業を行う。無理だと思えるような時間制限のあるなか、一挙一動のすべてを専門家チームによって分単位で評価される。まるで将来の義理の家族からじっと観察されるようなものだ。

私にとってオーディションの一環であったＮＢＬ（無重量環境訓練施設）での１回目のトレーニングで、私は、宇宙服を着用した状態でも身のこなしがよく、要求されるすべてをうまくこなせることを示そうとした。しかし、まだ機器や環境に十分には慣れていない。手すりに沿って望遠鏡の上まで手で移動しながら、「見てろよ、こんなにうまく……」と思ったときだった。ゴッッ！　突然、ヘルメットがトラニオンピンにぶつかった。トラニオンピンとは望遠鏡の本体から突き出ている金属片で、望遠鏡が最初に打ち上げられたときにシャトルのペイロードベイ（貨物室）に固定するために使われた。

それだけでもかなり恥ずかしかったが、その後、ダイバーが泳いできて私の様子を確認し、バイザーにひびが入っているのを見つけた。タイムアウトが宣告されて、私はプールから引き上げられ、費用のかかる訓練全体が中断された。みんなの時間とお金が無駄になってしまい、私たちはただ座りながら「それで、マッシミーノはどんなひどい失敗をしたんだ？」と考えることになった。

幸運にも、私の失敗はそれほどひどくはなかった。バイザーの外側のプラスチックカバーにはひびが入ったが、内側のガラスにはかすり傷ひとつなかった。そのため、バイザーを交換するだけで訓練は予定どおり続行できたのだが、それでも私は失敗したように感じた。メジャーリーグのトライアウトでいいところを見せようとして、愚かなことをしてしまったのだ。

ハッブル宇宙望遠鏡の船外活動経験が最も豊富で、この訓練の支援をしていたジョン・グランスフェルドが、破損状況の評価をしにやってきた。彼は、ひどく自分を責めている私の様子を見て、プールサイドに膝をつき、私に大きな笑顔を向けて親指を立てて言った。

「大丈夫。過ぎたことは流して、また戻ってこい。君はよくやってる。ただし、気をつけて」

それでも、そのまま流すことなどできない。あまりに不注意だったという思いをぬぐいきれない。みんなの時間を無駄にし、装備を破損したことに落ち込み、それが残りの訓練にも影響した。起こったことを頭のなかで考え続け、目の前のやるべきことに完全には集中できなかった。しかも、軽率すぎたところから過度に慎重になったせいで、作業ペースが落ち、訓練全体に響いた。

ヘルメットに傷をつけてしまったことは、私がＮＡＳＡで最初に犯したミスでもなければ、最後のミスでもなかった。経験を積むにつれ、私は多くの宇宙飛行士から、グランスフェルドに言われたことを違う表現で次々と聞くようになった。「流せ。忘れろ。前に進め。もう十分だ」。それは、私のようにくよくよ思い悩んで後悔に沈みがちな者にとって、ちょうどいい叱咤激励のアドバイスだが、現実にはそれだけでは不十分だ。前に進むように言われただけでは、どう・・・やって前に進めばいいかわからない。後悔する気持ちがそこに残ったままだからだ。後悔の念は望むと望まざるとにかかわらず押し寄せてくる。では、それをどこに置き、どう処理すればいいのだろうか？

同僚のメーガン・マッカーサーが「30秒ルール」を教えてくれるまで、私にはなす術がなかった。彼女はこのルールを、同僚の宇宙飛行士で米海兵隊のテストパイロットのフレデリック・スターコウ（愛称、ＣＪ）から学んだという。

ＣＪの「30秒ルール」とは、「30秒間は、後悔することを自分に許そう」という意味だった。私は、30秒ルールを自分の生活に合わせて次のように変えている。ミスをしたら、30秒間は後悔することを自分に許そう。反省する時間をもとう。惨めな気分に浸ろう。自分を責めよう。自分を打ちのめそう。ひどいことでも何でも言いたいことは全部自分に言おう。ただし、隣に座っている人を怖がらせないように、心のなかで静かに言おう。

後悔するのは当たり前のことだ。失望するのも自然なことだ。逆に、そうした感情を押し殺したり、ないものとして否定したりするのは、健全とは言えない。そうした感情を抱くことを、自分に許す必要がある。ただし、30秒以内にとどめなければならない。そのあとは、前に進むべきだ。30秒間、暴言を吐いたら、もう忘れよう。後悔は過去に置いていこう。その先、あなたの役に立つことはないからだ。そこからは、目の前のやるべきことや目標に向かって進んでいこう。あなたのチームは、あなたがどんな問題に取り組んでいようと、解決に力を貸すために、あなたが戻ってきて任務に集中するのを待っている。

メーガン・マッカーサーからこの教訓を学んだことは、私にとってもとりわけ重要だった。メーガンは私が崇拝していた宇宙飛行士の1人だ。28歳という若さで、初挑戦で宇宙飛行士プログラムに合格した。ほとんど前例のないことだ。しかもNASAは、彼女が博士号を取得する前に選抜しているのだ。それほど欲しがっていたのだろう。

メーガンは聡明で有能、そして一緒に働くうえでも素晴らしい人だ。会う人みんなが「とても彼女のようにはできない。彼女は完璧だ」と思うような人。でも、彼女だって完璧ではない。ただ自分の不完全さに対処する最良の方法を見つけただけで、30秒ルールもそのひとつだ。

彼女からそのルールを教わったおかげで、私はミスをしても気持ちを切り替え、ミスに対処するのがずっと上手になった。何かを台無しにしてしまっても、1週間どころか1日も無駄にしなくなった。これには助けられた。というのも、私にとって次の大きなミスは、NBLでの訓練中にバイザーを壊したどころではなく、底なしの宇宙空間のはるか彼方でハッブル宇宙望遠鏡を壊したことだったからだ。

NBLでのバイザー事件にもかかわらず、私は2003年のSTS−109ミッションで、ハッブル宇宙望遠鏡の修理のために船外活動をする最初の新人に選ばれた。このときの船外活動はどれも順調に進み、スペースシャトルの外で作業しているあいだ、大きな問題は何も起こらなかった。私が初めて大失敗をしたのは、2回目の宇宙飛行となったSTS−125ミッションでのことだ。

前の章で詳しく述べたとおり、ハッブル宇宙望遠鏡の撮像分光器を修理しようとして、手すりのボルトの頭部をつぶしてしまったのだ。ヒューストンの管制室に自分のしたことを報告し、彼らが対策に追われているあいだ、私は押し寄せる恥ずかしさ、罪悪感、信じられない気持ち、後悔の念にどっと襲われた。

失敗したときほど、孤独を感じることはめったにない。孤立し、無防備な状態になる。地球上だったとしてもひどいミスを、560キロメートル余り上空の宇宙でしでかしたところを想像してみてほしい。私は気分が悪くなった。ハッブルチームのみんなの何年にもわたる計画と献身を無にした挙句、何百万ドルもの税金をどぶに捨ててしまった。私の子どもたちは、ハッブル宇宙望遠鏡を壊した父親の子として人生を歩むことになるだろう。それが私の遺産となるのだ。

ここで私の心の大部分を占めたのは、タイムマシンが欲しいという思いだった。自分に必要なのは過去に戻ることだけ。やり直しさえできればいい。当然のことながら、一度そう考えてしまうと、後悔が自分にとってマイナスに働きはじめる。時間は前にしか進まない。ただ座して、不可能なことを願っても不毛だ。やり直したいと思いはじめたら、そのときこそ前に進むべきときだと考えよう。

幸い、私は前に進む方法を知っていた。手すりのボルトがだめになった場合の代替案はないかもしれないが、地上チームが解決しようと躍起になっているあいだ、私には自分自身に対処するための30秒ルールがあった。立ち止まって、地球を見やり、心のタイマーを30秒に設定し、後悔を始めた。30秒間、私はすべてを解放した。自分をぼこぼこに叩きのめした。

「マイクの大バカ者、この大間抜け！　こんなに簡単なことをどうやったら失敗できるんだ！　ミッションの前に、どうしてこの問題について考えなかった？　お前は難しいと思った作業のほうにこだわりすぎて、簡単なほうが疎かになったんだ」

そんな言葉を吐き出し続けた。そして30秒が経つと、きっぱり忘れた。しばし自己憐憫に浸ったが、もう失敗は過去のものにして、チームのよき一員として一緒に解決策を探るべきときだ。

私たちは、手すりをもぎ取ればうまくいくかもしれないと思いつき、実際にうまくいった。そして、残りの船外活動は計画どおりに進んだ。ＳＴＩＳは復活し、宇宙での生命探査は続くこととなった。

仕事でも私生活でも、私たちは日々、ミスをする機会に囲まれている。ミスをしたくはないが、どれだけ準備し、どれだけ完璧にしようと努めても、ミスは避けられない。私にとってミスをしてよく自分を責めた経験は、かえって宇宙飛行士の訓練のとても貴重な一部となった。というのも、ミスをすることによって、ミスから立ち直る方法を学ぶことができたからだ。乗り越えられないミスはないが、ミスへの対応を誤れば致命的な場合もあることを学んだ。

失敗して、ひどい気分になったときは、30秒ルールを思い出してほしい。自分を責めよう。失敗をかみしめることを自分に許そう。後悔に浸ろう。ただし、30秒以内にとどめなければならない。そして、どんなにつらくても、それは過去のこととして、前へ進もう。これから先のこと、自分にできることに集中しよう。どんなにひどい失敗をしても、努めて前向きな姿勢を保ち、挽回のチャンスを自分に与えよう。

では、その30秒をどう過ごすのがよいだろうか。ここに私からの提案を挙げておく。

◯自分を罵倒しよう。 私が好きなのは「なんて愚かなんだ」とか「バカ！　どうしたらそんなことができたんだ?」などだ。「間抜け」も効果がある。

❍すべてに腹を立てるのではなく、何に腹を立てているのかを正確に理解するために、後悔の正体を突き止めよう。「計画についてもっとよく考えておくべきだった」とか「行動する前に状況をもっとよく確認しておくべきだった」とか「そうする前に、なぜ結果を考えなかったのか?」など。

❍後悔から抜け出す際には、同じ過ちを繰り返さないように、自分を思いっきり叱咤しよう。「この後悔から抜け出せたら、今後は二度と同じ過ちを繰り返さないように、もっと慎重になろう」など。

すると、このとおり! 30秒で後悔はおしまいだ。

失敗は過去に置いて、先へ進もう。なぜなら、あなたのチームは、あなたがいまつくったばかりの問題を解決するために、あなたを必要としているからだ。

感動しよう

この世界は素晴らしい。手を止めて、周囲に目を向けよう。

Be Amazed

宇宙飛行士のジョン・ヤングは、私の少年時代のヒーローの1人だ。おそらく歴史上、最も経験豊富な宇宙飛行士だ。もっと有名な宇宙飛行士ならほかにいるかもしれないが、ジョン・ヤングには素晴らしい経歴がある。宇宙飛行を6回もしているのだ。

アメリカ初の有人宇宙飛行となったマーキュリー計画の宇宙飛行士たちに次ぐ、第2期の宇宙飛行士養成クラスに選抜され、アメリカの2度目の有人宇宙飛行となったジェミニ計画の初飛行にクラスメイトに先駆けて任命された。アポロ10号で月へ飛び、アポロ16号で月面を歩いた。さらにスペースシャトル計画の最初の船長に任命され、最初のミッションを終えてスペースシャトルを無事に帰還させた最初の人物となった。

私が１９９６年に宇宙飛行士候補者に選ばれたとき、彼はまだ現役の宇宙飛行士だった。宇宙飛行士室に初めて行った日、偉大な崇拝対象の１人と自分が同じオフィスで働き、同じ職種に就いていることが信じられなかった。

経験豊富なテストパイロットのジョンはT−38ジェット練習機にも乗っていたので、私はNASAに入ってまだ数週間ほどのある日の午後、彼のオフィスに顔を出し、もし後席のパイロットを探しているなら、私が副操縦士として搭乗できれば光栄だと申し出た。

「もちろんだよ、マイク」彼はゆったりとした口調で答えた。「いいとも。近いうちに飛ぼう」

その言葉どおり、数日後にジョンから、カリフォルニア州モフェットフィールドにあるNASAエイムズ研究センターまで一緒に飛行しないかと誘われた。そこで垂直運動シミュレータの訓練を受けるために向かう予定があったのだ。

1日がかりの飛行になりそうだった。早朝にヒューストンを出発し、エルパソとラスベガスで燃料を補給し、モフェットフィールドに着陸して数時間の訓練を行い、それから一連の流れを逆にして夜のうちにヒューストンに戻る。私はヒーローと一緒に地上の束縛から解放される一日を想像していた。これ以上に素敵なことがあるだろうか？

T−38はわずか2人乗りの小型航空機で、とても親密な飛行体験ができる。航空交通管制を除いては、ジョンの関心を独り占めできた。往路のフライト中や垂直運動シミュレータでの訓練中はそれほど話をしなかったが、仕事のほとんどが片付いていた帰りのフライトでは、ジョンはリラックスして、私にいろいろな話を語りはじめた。こんなに素晴らしくも信じがたい話は聞いたことがなかった。

彼は初期の宇宙飛行士の選抜過程について話してくれた。実際の宇宙がどのようなものか、当時はまったくわかっていなかったため、痛みに耐えきれなくなるまで手を氷水に浸すなど、ありとあらゆる奇妙でばかげた医学「検査」を行ったそうだ。著名人や大統領に会ったこと、初期の宇宙計画のレジェンドであるニール・アームストロングやジェイムズ・ラベル、エドワード・ホワイトのことも話してくれた。エドワード・ホワイトは、アメリカ人初の船外活動を行った宇宙飛行士だが、アポロ1号の演習中に、宇宙飛行士のガス・グリソム、ロジャー・チャフィーともに発射台上で火災に巻き込まれて亡くなるという悲劇に見舞われている。

ジョン・ヤングのようなレジェンドが宇宙について語るのを聞くのは、神から授けられた十戒を刻んだ石板をモーゼが手渡してくれるようなものだった。私は何時間も後席に座って、ひたすら彼の一言ひとことに耳を傾けていた。やがてその日も終わりに近づき、太陽がニューメキシコの地平線に沈みかけるころ、ヒューストンへ向かう最終行程で私は勇気を奮い起こしてヒーローに究極の質問をしてみた。それは、30年近く前にニール・アームストロングが人類にとって偉大な一歩を踏み出したのを見て以来、私が人生でずっと知りたいと思い続けてきた唯一のことだった。

「ジョン。月面は……、どんな感じでしたか?」

私は期待にうち震えんばかりだった。彼は何と答えるだろうか、どんな詩や叡智を授けてくれるだろうか、と思い巡らせた。「マイク、果てしなく荒涼としたところだったよ」と言うかもしれない。あるいは、「マイク、私は自分が聖なる場所、何百万年も何ひとつ変わることのなかった場所にいるんだとしみじみ感じたよ」と言うかもしれない。それとも、「マイク、振り返ると地球が見えたんだ。とても小さくて、親指で隠せるほどだった。あのときほど自分をちっぽけな存在だと感じたことはなかったよ」かもしれない。

ところが、彼はそんなことはつゆ言わなかった。代わりに、間髪入れずにこう言った。

「そうだな、マイク、思うにいちばんよかったのは、やっとくそを出せるってことだったな」

「何ですって?!」と、私は答えた。

「まあ、君はまだ宇宙へ行ったことがないが、いつかわかるよ。無重力で浮いていても、消化には何の役にも立たない。重力がないせいで、食べ物が胃腸のなかを移動する助けにならず、すっかり便秘してしまうんだ。それで月に行ったら、言わせてもらうと、6分の1の重力が出すのにちょうどいい……いいんだ」

私はどう答えていいかわからなかった。だから答えなかった。

ジョン・ヤングが30年ものキャリアのなかで、多くの神秘的な、畏怖の念に打たれる瞬間を経験したことは間違いない。何と言っても、彼は「20世紀の人類は、大胆に手を伸ばし……決然たる意志をもって宇宙の隠された神秘を解き明かす努力をしなければならない」と語った人物だ。なかなか深遠な言葉ではないか。そんな彼が月面で過ごした時間を思い返すとき、いつも真っ先に頭に浮かぶのが排便のはずがないだろう。

月面に降り立ったのは、歴史上わずか12人だけだ。人生を変える体験だったに違いない。ところがジョンは、宇宙へ6回も行っている、これは多い。宇宙飛行士を30年以上も務めている、これも多い。

あのとき彼が月での体験をあのように話したという事実は、人生について根源的な真実を示していると私は思う。どんなことでも日常となりえる。どんなことでも平凡になりえる。どんな経験も、たとえどれほど神秘的でも、あまりに慣れすぎてしまえば、ありふれたことに思えるのだ。しかし何かを成し遂げたいなら、そしてもっと大切なのは、その成果を楽しみたいなら、みすみすその罠に陥ってはいけない。

仕事に目的意識を見出すべきだ、とよく言われる。確かにそれは真実だ。だが個人的な充足感を得るために、内面を見つめるよう私たちを導くスローガンだともいえる。それでは、いくぶん窮屈だ。

一方で、私の学んだことがひとつあるとすれば、それは立ち止まって自分の外側を見まわすこと。これも、同じく重要なのだ。立ち止まって、周囲を取り巻く世界の美しさや不思議に目を向けてほしい。そもそも幸運な偶然によってこの世界に生まれてきたおかげで自分もその一部となった、創造の奇跡に驚嘆してほしい。何にもまして、こうして全体のなかの自分を意識することが、長く有意義なキャリアを築く秘訣だ。

＊＊＊＊

船外活動では、時間が貴重だ。すべてのタスクが分刻みで予定され、旅行者のように立ち止まって観光する時間はあまりない。しかし、STS－109ミッションで2回目の船外活動をしていたとき、珍しく小休止の時間ができた。パートナーのジム・ニューマンの作業が終わるのを待つためだった。そのあいだ、振り返って肩越しに地球を見た。ひと目見るだけのつもりだったが、その光景にすっかり我を忘れて見入ってしまった。

私たちの惑星の美しさを表現する言葉はない。

私にはただ自分が感じたこと、思ったことを伝えることしかできない。地球をはるかに望んだとき、心中に去来したのは「これは見てはいけないものだ。人間の目には美しすぎる。秘められるべきものだ。私はここにいてはいけない」という思いだった。向き直って仕事に戻ろうとしたが、こっそりもう一度見ずにはいられなかった。ちらっと盗み見ると、その惑星があまりに美しく、私は感動を抑えきれなくなりそうだった。

目をそらさなければならない。目に涙がたまりそうで怖かった。宇宙服のなかに水が浮かんでしまえば、大問題になりかねない。飛行後に徹底的な調査が行われ、宇宙で泣いていたことを認めざるをえなくなる場面を想像し、私は気持ちを落ち着けて仕事に戻ろうとした。ところが3度目に見たとき、頭に浮かんだのは「天国にいたら、これが見えるのだろう。これは天国からの眺めだ」という思いだった。そして、その考えはすぐに別の考えに取って代わられた。「いや、それよりもっと美しい。きっと天国がこんな感じなのだろう。地球こそ天国なのかもしれない」

そう感じたのは私だけではないことが、あとになってわかった。地球に帰還したのち、アポロ13号の船長のジェイムズ・ラベルと話す機会があり、私の見たものや感じたことについて伝えたときだ。

「マイク」彼は言った。「多くの人は死んだら天国へ行きたいと願う。でも、私は宇宙へ行って宇宙からの眺めを見たら、私たちはみな天国に生まれてきたのだと思うようになった」

もちろん、地上でいつもそう感じるわけではない。天国とは美しく完璧な場所であるはずなのに、ニュースを見れば戦争や飢餓、殺戮、苦難しかないように感じることもある。しかし宇宙から眺めれば、とりわけ立ち止まって明暗境界線を目で追えば、それらのすべてを大局的に見ることができる。明暗境界線とは、地球上で昼と夜を分ける線のことだ。地球上では美しい日の出や見事な夕焼けとして体験するものだが、宇宙から見れば地球を休みなく横切る線であり、その片側は明るく、反対側は暗い。

明暗境界線の動きは、何より地球が自転していることを表している。ニューマンの仕事が終わるのを待ちながら地球をこっそり見ていたとき、その線の動きは私がこれまでに見た何よりも揺るぎない動きだった。ためらうことも、つかえることも、止まることもなかった。ひたすら安定した、一定の動きだった。

　地球はとても大きいが、この巨大な物体がこの上なく優雅に、着実にくるくるとまわっている。自分がいま目にしているのは、何十億年ものあいだ、まったく変わることなく続いている動きなのだと、ふと思った。地球は変貌し、人間は生まれては死に、帝国は興っては滅び、戦争や飢餓、殺戮や苦難は日々どこかで起こっているが、この安定した継続的な動きは太古の昔から続いている。地球がどんな大混乱に見舞われようと続いてきたし、私たちがいなくなったあともずっと続いていくことだろう。一言でいうと、完璧だ。まさに天国のようだ。

　そう思いながら明暗境界線の動きを追ったあと、私は宇宙服に身を固めた自分の手を見下ろして実感した。この人間を寄せつけない宇宙空間で生き延びるための技術がこうして存在するとは、なんと奇跡的なことか。そして、反対の肩越しに振り向いて、宇宙の暗黒を見つめた。

　太陽が巨大な星として見え、暗闇の空に浮かぶ太陽を見るのは初めてだということに気づいた。私たちは地球のまわりをすっかり探査したが、太陽系ではほかのどこにも生命をはぐくめる場所はない。つまり、私たちにはほかに行く場所がないということだ。地球上で最悪の、最も過酷な場所ですら、火星の楽園のようなものだろう。

　地球を振り返ったとき、私は地球がいかに脆弱な存在かを思い知った。タマネギにたとえれば、タマネギの皮のいちばん外側の薄い層が大気だ。それほどに薄い層が、唯一、過酷な宇宙から私たちを守っている。地球を守っている大気は、私の身体を守っていた宇宙服やグローブと同じくらい脆弱だ。あの瞬間に私があそこにいたことのすべてが美しく、奇跡的だった。そして、地球そのものと同じく、儚いものだった。

あの瞬間に抱いた驚嘆の念は、それ以来、ほぼ毎日、私を励まし支えてくれている。その間、私生活でも仕事でも多くの浮き沈みがあったが、あの日心に抱いた驚嘆の念が、すべてを広い視野でとらえることに役立っている。もちろん、読者のみなさんがこう言うのが聞こえてきそうだ。

「そう。それは素晴らしいね、マイク。でも、誰もが宇宙から地球の美しさに驚嘆できるわけじゃない」

そのとおりだ。ただ、こうも考えられる。驚き感動するために宇宙へ行き、あれが私たちの惑星なんだという奇跡に面食う必要はない。もちろん、そうした体験は効果的だが、必ずしも必要ではない。例えば、毎朝目覚めたときに、そのことに驚き感動するかは自分で選択することができる。ただ選択するだけで、驚きと感動を体験できるのは素晴らしいことではないか。

「畏怖の念に打たれる」といった言葉からは、何かが自分の身にもたらされるかのような印象を受ける。自分の外側にある何か、あるいは何らかの出来事によって、こうした感情に襲われると思いがちだ。確かに船外活動中の私はそうだった。だが、逆の場合もありえる。驚嘆しようと自分で決めるのだ。

私が宇宙飛行士室に入ったとき、NASAはロシアの宇宙ステーション「ミール」に宇宙飛行士を送り込み、宇宙で長期滞在する経験を積ませようとしていた。当時はまだ国際宇宙ステーションでの長期滞在が軌道に乗る前で、ミールへ行くのも大変な任務のように思われた。まず、ロシア語に堪能であることが求められる。2人のロシア人宇宙飛行士とともに搭乗するアメリカ人宇宙飛行士はひとりだけで、仲間のクルーやモスクワの管制センターとロシア語でやりとりして仕事をしなければならなかったからだ。ミールで任務にあたるための訓練はロシアで実施され、それは家族と長期間離ればなれになることを意味した。

さらに任務中は、宇宙ステーションで数カ月間離れていることになる。NASAはロシアの宇宙局およびミールとの新たな連携を模索中で、宇宙飛行士に対する必要な支援もまだ開発中だった。現在、それはISS（国際宇宙ステーション）で任務にあたるクルーと家族に対する優れた支援へと発展しているが、当時は違った。宇宙飛行士のなかには、ミールへ行って宇宙に長期滞在できるのを楽しみにしている人もいたが、私やほかのASCANS（宇宙飛行士候補者）の多くは、スペースシャトルでの飛行に任命されるほうに関心があった。そのほうが家族への負担が少ないように思えたからだ。

ジョン・ブラハは、ミールでの長期ミッションを経験したNASAの宇宙飛行士の1人だ。ジョンが4カ月の宇宙滞在を終えて帰還したとき、私たちは任務の様子やアドバイスを聞こうとこぞって彼の報告会に出席した。ジョンの偉業に圧倒され、信じられない思いだった私は、どうやってすべてに対処できたのか知りたかった。彼が言うには、とにかく状況をすべて受け入れることで、訓練や宇宙での滞在をうまく乗り切ることができたそうだ。彼も妻のブレンダも、それを生涯にまたとない経験だと考えていた。子どもたちが成長していたこともあり、ブレンダはジョンの訓練中、モスクワ郊外のスターシティ（星の街）で一緒に暮らすことができ、彼は一瞬一瞬を大切にしようという姿勢で臨むことができた。

軌道に乗ったとき、最初はブレンダや家族、友人がいないのを寂しく感じたという。しかし、地球に残してきたものに意識を向けるのではなく、実験や船外活動、そして窓外に見える地球の素晴らしい眺めに集中することにした。その甲斐あって、ミールでの時間は飛ぶように過ぎ、ミッションは大成功を収めた。ジョンの話を聞いて、たとえ居心地の悪い状況であっても受け入れるという前向きな姿勢があれば世界のとらえ方がすっかり変わり、困難な任務を、自分の体験に驚き感動する機会に変えることができるのだと思いながら帰路についた。

それから間もなく、ジョン・ブラハから学んだ教訓を実践する機会を得た。宇宙飛行の準備の一環として、NASAが私とほかの5人の宇宙飛行士を、カナダのコールドレイクでカナダ陸軍の指導のもと実施される2週間の耐寒訓練に送り込んだのだ。寒さが苦手な私は、コールドレイクが名前に偽りありであればと祈った。何しろ、テキサス州のクリアレイクの近くに住んでいたとき、その湖は〝澄んだ〟湖とはかけ離れていたからだ。

ところがコールドレイクに到着してみると、その名にふさわしいだけでなく、これまでに訪れたどこよりも寒い場所だった。日中でも0度を上まわることは決してなく、夜はマイナス40度まで冷え込んだ。私たちは重い荷物を背負い、たくさんの雑用や実験をこなし、雪のなかで寝る。それでも、とにかく少しは眠った。教官たちは私たちを悲惨な状況に追い込もうとし、その仕事ぶりは見事だった。というのも、それがこの訓練の真の目的だったからだ。不快感や不機嫌の兆候を認識し、士気や任務の成功にどう影響するかを学ぶための訓練なのだ。

1週間が経つころには、うんざりしていた。足には霜やけができ、骨の髄まで冷え切っていた。家に帰ってテレビを見て、本物のトイレがあるバスルームを使いたいと、ただただ思った。そんなある日の夕食時、主任教官のコリン・ノリス軍曹に声をかけられた。ノリス軍曹は毛糸の帽子をかぶり、大きなふさふさした口髭の先によく雪を積もらせていて、まさにカナダの開拓民を描いた風刺画そのものの風貌だった。もっと正直に言えば、人形アニメ『ルドルフ 赤鼻のトナカイ』のホリデースペシャルに出てくるユーコン・コーネリアスにそっくりだったが、殺されて雪のなかに埋められるのが怖くて、あえてそう呼ぶことはなかった。

「マッシミーノ」。ノリス軍曹は私に地図を手渡しながら言った。「午前3時に、君とチームのメンバーのもう1人に湖の向こうのこの座標まで行って、食料の箱を見つけ、回収してもらう」

「あの湖の向こう側まで、歩いて行けということですか？」私は尋ねた。「真夜中に？」

「そうだ」

「その時間帯、あの辺りはどんな様子になりますか？」

彼は私を見た。「目を閉じろ」と言った。

私はそのとおりにした。

「しっかり閉じたか?」と、彼は訊いた。

私はうなずいた。

「そうか。そういう感じだ」

私はこの任務において、宇宙飛行士の同僚でMITの元クラスメイトでもあるグレゴリー・シャミトフにチームメイトになってくれるよう頼んだ。グレッグは私とは正反対の体験をしていた。訓練を大いに楽しんでいたのだ。ボーイスカウトで最高位のイーグルスカウトだった彼は、凍えるような寒さのなかで入浴するためにシャワーまで用意していた。正気の沙汰ではないと思ったが、それはグレッグが、クマに食われないようにそばにいてほしいと思うような男だということを意味した。

私たちは真夜中に起きて、出発した。そうして湖を半分ほど歩いたところで、ひと休みした。休憩中、空を見上げると、完璧に晴れ渡った夜だった。空気が澄みきって、星がじつに見事。何キロ先までも辺りは完全に静まり返っている。自分たちの呼吸以外、ほかには何も聞こえない。その瞬間、震えや苛立ち、苦しさがすべて消え去り、ジョン・ブラハが言っていた「状況を受け入れる」という教えを思い出した。

そして、ふと気づいた。自分はいま、とんでもない体験をしているのだ、と。文明の端っこにいる。確かに寒くて過酷だが、自分の意に反してすごいことをしている。創造物のなかで、最も壮観な光景のひとつを楽しんでいる。日常から抜け出して、世界をまったく違った目で見る機会を与えられている。ロングアイランドで育ったときにはとても小さく見えた世界が、いまや果てしなく広く開け放たれ、信じられないほど美しいもので満ちている。

私はグレッグのほうを向いて言った。

「なあ、ほんの数年前まで、2人とも寮の部屋で宇宙飛行士になるのを夢見る子どもだったたってこと、覚えてるか？　それがいま、こんなところにいるなんてな」

「ああ」彼は言った。

そう言ったきり、2人とも黙り込んだ。ただそこに佇み、相棒と一緒に世界のてっぺんから宇宙に目を凝らしていた。

湖を半分ほど歩いたところで、私にとってこの任務はすっかり変わった。もちろん状況は変わっていないが、考え方が変わったのだ。私は自分のしていることを楽しみはじめた。自分がしていることのすべての細部と、周囲の信じられないほど素晴らしい光景に、驚き感動することを選んだのだ。ひとたびそうすると、訓練の日々はあっという間に過ぎていった。

私たちは驚き感動することを選べるだけでなく、そのために必要なものをすでに備えている。生まれながらにもっているのだ。五感を十分に生かせば、驚きと感動のうちに生涯を送ることができる。五感のなかで、私たちが最も頼っているのは視覚だ。その点に関して、宇宙は期待を裏切らない。星の瞬く暗闇の宇宙に浮かぶ、この美しい青いビー玉のような地球を見ることは、類のない体験だ。そんな眺めのいい場所から故郷を望むのは途方もなく素晴らしいことではあるが、結局のところ遠景にすぎず、細部は何も見えない。春に咲く花の美しさも秋に紅葉する葉の色も見えなければ、マンハッタンのアッパーウエストサイドにあるアールデコ様式の見事な建築物や美術館に収蔵された美しい絵画など、人類が生み出したすべての尊いものも見えやしない。地球にいてこそ、日々、辺りを見まわせばそれらが目に入り、驚かされる。

宇宙にいると、地球での匂いも恋しくなる。宇宙は驚異的だが、嗅覚という点では、かなりつまらない。宇宙でたったひとつ興味深い匂いを感じるのは、船外活動後にエアロックに戻ったときだ。船外と隔てるドアが閉まって、ヘルメットを外すと、独特な金属臭が数分ほどする。それを「宇宙の匂い」と呼ぶ宇宙飛行士もいる。彼らは、真空の宇宙の匂いがまさにそれだと思っている。それよりありえそうなのは、宇宙船の金属が真空にさらされたときに放出されるガスの匂いがするだけだという説明だが、私はやはり宇宙の匂いだと信じたい。かなり空想的でばかげた考えかもしれないが、宇宙で感じる興味深い匂いはほぼこれだけだ（ちなみに、宇宙船のなかでクルーと一緒にいるときは、お互いの匂いしかしない）。地球に帰還したときは2回とも、ただ外を散歩して、刈りたての草や花、パン屋やおいしいレストランのそばを通ったときに漂う香りを嗅ぐだけで、この上ない喜びを感じた。一度でも宇宙へ行ったら、こうした豊かでうっとりする香りがあることを当たり前だとは思わなくなる。

音についても同じだ。よく言われるように、宇宙では叫んでも誰にも聞こえない。しかも、聞こえないのは叫び声だけではない。朝の鳥のさえずりや、小川の岩の上をほとばしる水の音、木々のあいだを吹き抜ける風の音も聞こえない。宇宙船のなかにいても宇宙服を着て船外にいても、たいてい聞こえるのは、船内の機器を冷却するファンや宇宙服のなかで冷却水を循環させるポンプの絶え間ないブーンという音だけ。でも、その音がだんだん大好きになる。なぜなら、自分を生かしてくれる機械の音だからだ。とはいえ、生き物が奏でる豊かな音のオーケストラはどうだろう？　繰り返しになるが、それはこの小さな青い地球にだけ存在するもので、ほかのどこにもない。そんなわけで、次に鳥のさえずりや車のクラクションを聞いたときは、その音が存在すること自体がいかに素晴らしいことか、足を止めて驚いてほしい。宇宙の音は、地球で奏でられる音には到底かなわない。

もうひとつ、私が宇宙で恋しかったものとは？　天気だ。宇宙へ行ってからというもの、私は天気について文句を言うのをやめた。というのも、宇宙には天気がないからだ。気温の変化は極端だが、それは天気ではない。季節もなく、涼しいそよ風も、暖かな夏の昼間も、清々しい秋の朝もない。それらはすべて地球にいる人のために用意されたものだ。そんなわけで、雨が降るたびに、たとえ最悪にうっとうしく、濡れて、じめじめと蒸して不快でも、雨がまったく降らない場所にいるのがどんな感じだったかをいつも思い出すようにしている。雨が降らないということは、水の循環がないということだ。水の循環がないということは、生命がないということ。そして、生命がないということは、私たちもいないということになる。天気に伴う絶え間ない変化は、こんなにも素晴らしい惑星に住むことができる幸運を日々思い出させてくれる。

そして、何より無性に恋しかったのは、五感のすべてを一度に刺激し、時に圧倒するもの、つまり人だ。仲間のクルー6人と一緒にいるのはとても楽しかったが、家族や友人、ご近所、同僚が恋しかった。彼らの話し声や笑い声を聞いたり、美しい顔や面白い表情を見たり、ハグしたりハイタッチをしたり、食卓を囲んで食事をともにしたりすることが恋しかった。地球ではよく不満に思うことさえ恋しかった。人混みだ。宇宙にいるあいだ、地球に帰るのが待ち遠しいとずっと思っていたことが2つあった。ひとつは子どもたちの水泳大会。近所のみんなが集まって、あちこちにテントを立て、芝生用の椅子を並べたものだ。まるで郊外にある地域のプールでウッドストック音楽祭が開かれているみたいに、どこも人が重なりあうほどあふれ、おしゃべりをしたり、行き来したりして、交流を楽しんだ。2番目は、野球の試合だ。イワシのようにたくさんの人たちとぎゅうぎゅう詰めになって、みんなで一緒に野球観戦を楽しみたかった。

思うにパンデミックのせいで、宇宙飛行士が宇宙で感じる孤立感を誰もが感じたのではないか。人の多く集まるイベントや集会、会議ではイライラすることもあったかもしれないが、全部なくなってみて、ようやく私たちはそれが自分たちにとってどんな意味をもつのか気づいた。今でも、混雑した地下鉄に乗っているときや、球場で軽食を買おうと長い列に並んでいるときなど少し面倒に感じるが、これは私たちの惑星である地球が与えてくれる奇跡なのだということを思い出すようにしている。これが私たちの分かちあう故郷だ。

つまるところ、私が宇宙から持ち帰った最大の贈り物は、故郷の新しい定義である。ロングアイランドに住んでいた子ども時代、私の故郷はニューヨーク市に隣接するフランクリンスクエアという町だと思っていた。私はロングアイランド育ちの子どもで、その町が私のすべてだった。私の世界だった。大学に通い、さまざまな出身地の人と出会って経験が広がるにつれて、自分をニューヨーク州出身の男だと考えるようになった。その後、宇宙飛行士になり、世界中の宇宙飛行士や技術者と一緒に働きはじめると、自分をアメリカ人だと考えるようになった。フライトスーツの左肩にアメリカ国旗を付けて職場に行ったからだ。ところが、宇宙はそのすべてをひっくり返した。私はこれからもずっとロングアイランド育ちの子どもであり、ニューヨーカーであり、アメリカ人であり、そうした故郷の地を常に誇りに思うだろう。しかし、軌道から地球を見たときに気がついた。この惑星がまるごと私の故郷だ。私たちの故郷だ。私たちみんなが平等に属し、私たちみんなが共有する故郷なのだ。

ハッブル宇宙望遠鏡は、地球のおよそ５６０キロメートル（編註：原文35マイル＝およそ５６３・３㎞）上空を周回している。これはＩＳＳ（国際宇宙ステーション）よりも１５０キロメートルあまり高い。そのため、ISSにいる宇宙飛行士は街の灯りなど地球の表面をはっきりと詳細に見ることができるが、ハッブルの高度で得られるほど広い視野で地球を見ることはできない。ハッブルからは、地球の湾曲を見ることができる。その眺めも素晴らしいが、さらに素晴らしいのは、ハッブルは太陽系とその先の画像まで提供してくれることだ。

ハッブルを通して、私たちは宇宙そのものの美しさと驚異を見ることができる。この望遠鏡で撮影された画像のなかで私のお気に入りの1枚は、STS–125ミッションで望遠鏡のアップグレードを行ったあとに撮影された初期公開画像だ。初期公開画像は、修理ミッションの直後に撮影される、新しいプリンターの試し刷りのようなもので、すべてが正常に動作していることを確認するためのものだ。初期公開画像が好きなのは、美しいからというだけでなく、ミッションが成功した証でもあるからだ。

とても好きな初期公開画像が1枚ある。「球状星団オメガ・ケンタウリ」だ。これは、巨大な星団の中心部にある10万個の星のパノラマ画像で、1000万個近い星の集まりである星団の一部にすぎない。私は基調講演で、この画像を「ビッグ・ピクチャー（全体像）」と呼んで使っている。

困難な状況になっても継続するための秘訣は、常に全体像を念頭に置くことだ。宇宙飛行士として、私は自分の仕事が好きだった。宇宙飛行だけでなく、訓練も好きだった。また、自分より何か大きなものの一部であることも好きだった。一方で、自分のしていることに疑問を感じたり、それに価値があるのか心が揺らいだりしたこともある。仕事の多くは、単なる仕事だった。夜遅くまでオフィスで残業し、週末も勤務があり、休日やお祝いを逃した。華やかなことは何もない。誰からもメダルをもらえない、舞台裏でひたすら励む仕事だ。

どんな仕事にも、どんな職業にも、必ず陰の部分がある。ジョン・ヤングが教えてくれたように、月面を歩いているときでさえ用を足さなければならない（ちなみに月面を「歩く」のではなく、月面で「働く」のだと、彼からすぐに訂正された）。したがって、自分の仕事が平凡で決まりきったもの、あるいは価値のないものに感じたときは、全体像を思い起こすことが大切だ。仕事に全力を尽くし、犠牲を払ううちに、自分のしている仕事の意義や目的を忘れたり、記憶が薄れたりすることがあるからだ。

私について言えば、ハッブル宇宙望遠鏡が世界にもたらす科学と理解を考えれば、あらゆる努力、犠牲、リスクを惜しまず仕事に邁進する価値があると強く感じていた。死と隣りあわせの危険な状況にどう対処したのか、と聞かれることがある。正直に言うと、宇宙探査に強い思い入れのあった私は、命を懸けることを厭わなかった。

自分が人生で携わることに強い思いをもてないとしたら、悲しいことだと思う。自分の人生を費やす仕事にそれほど熱意がないなら、ほんとうの意味で生きているとは言えない。私たちは自分にとって大切なことだからこそ尽力するのであり、大義のためなら犠牲を払うこともやぶさかではない。確かに、仕事には生活費を稼ぐという側面もある。誰もが家賃を払わないといけない。

しかし、人生でもっと大切なのは、世界をよりよい場所にすることだ。

常に全体像を念頭に置いていれば、私たち一人ひとりが困難な時期を乗り越えることができる。夜遅くまで働いて、家族に会えず、犠牲を払うのは無駄だと感じるときは、自分のしていることについてもう一度よく考えてみよう。何であれ、心の底から情熱を注げないなら、変化のときが来ているのかもしれない。

私の友人でありメンターでもある月面歩行したアラン・ビーン（覚えているだろうか？）は「人生の秘訣は、自分が好きなことを見つけ、それで生計を立てる方法を見つけることだ」と言った。そんなふうに夢中になれるものが必要だ。それがないなら、見つかるまで探し続けよう。幸運にも見つかったとしても、困難な状況に直面すれば自分の選択に迷いが生じることもある。それを意外に思ってはいけない。そういうときこそ、全体像を思い出すべきときだ。オメガ・ケンタウリ星団を思い浮かべて、そのまま進み続けよう。

全体像を見るには、560キロメートル上空の宇宙やハッブル宇宙望遠鏡が宇宙をとらえる眺めのいい地点からのほうが、職場の窓のない仕事スペースから見るよりはるかに簡単だ。窓のない職場にいると、物事のより大きな意義に気づきにくいかもしれない。でも、そこには同僚の笑顔や、誰かの役に立てる充実感がある。どちらも私があの日、軌道上で見たものと同様に美しい。

少し立ち止まって、ありのままのそれらに感謝することを忘れてはいけない。そうすれば、長く有意義な人生を送る動機が見つかる。私たちにはそうする必要がある。なぜなら、世界は脆弱で、私たちを頼りにしているからだ。

そこで、仕事や人生でなぜ厄介な問題に耐えているのかと疑問に思い、イライラするときは、次のことをしてみよう。

- 周囲を見まわそう。少し時間をとって、この素晴らしい惑星を楽しもう。あなたは楽園に住んでいる。いまのうちにこの惑星に感謝し、大切にする必要がある。
- 困難な状況に直面したときは、それを受け入れるようにしよう。成長の機会と見なして、最大限に活用しよう。
- オメガ・ケンタウリ星団を思い浮かべよう。私たちみんなが共有するこの惑星の生命に自分がどんな貢献をできるか考えて、自分の存在意義の全体像を描き、覚えておこう。自分がしていることの目的を思い出そう。あなたを頼りにしている人のことを思い出そう。そして、いま自分がしていることに対する情熱を思い出そう。

全体像に目を向けると、自分がちっぽけに感じられるかもしれない。これほど広大で不可解な宇宙のなかで、自分の存在など重要であるはずがない。実際にそう感じることがときにある。しかし、同時に気づかされるはずだ。そもそもここにいることがどれほど素晴らしい奇跡か。何であれ、そんな奇跡は無駄にするにはあまりに貴重だ、と。

転機をとらえよう

変化は避けられない。変化を受け入れて、活用しよう。

Know When to Pivot

２００9年5月25日、スペースシャトル「アトランティス号」がエドワーズ空軍基地に着陸し、私にとってハッブル宇宙望遠鏡への2度目のミッションが終了した。ほろ苦い瞬間だった。地球に無事、帰還できたことはうれしかったが、少ししんみりとした気持ちだった。ミッションが終了したことに加え、宇宙飛行の歴史においてひとつの時代がやがて終焉を迎えようとしていたからだ。

私たちの飛行は、スペースシャトル計画の最後の飛行のひとつだった。それからわずか2年のうちに、計画は終了することになっていた。スペースシャトルは退役し、博物館に展示される。

大きな変化が迫っていた。

全国をまわって、さまざまな会議、集会、学校、企業のイベント等で講演していると、「変化」に関する議論をよく耳にする。変化はどこにでもあり、誰ひとり変化から逃げ隠れすることはできない。NASAも例外ではなかった。シャトル計画が始まった当初、NASAは将来的にスペースシャトルを民間輸送用の商用機として運用する計画を立てていた。実際に、民間航空機のパイロットが操縦できるように、飛行マニュアルの改訂を進めていたが、その後、1986年にスペースシャトル「チャレンジャー号」の事故が発生し、NASAは宇宙船を商用機に転換するのは時期尚早だと思い知らされる。

ところが2011年にシャトルが退役すると、NASAはその変化をうまく利用して民間企業の参入を促し、宇宙計画に新しい技術を取り入れようとした。スペースX社をはじめとする複数の企業と商業乗員輸送計画を立ち上げ、宇宙船の設計、建造、運用といったNASAの業務の多くを委託した。したがって、NASAの宇宙飛行士がスペースX社の宇宙船「クルードラゴン」で飛び立つときは、ヒューストンのMCC（運用管制室）ではなく、カリフォルニア州ホーソーンにあるスペースX社の管制センターと交信することになった。国際宇宙ステーションにドッキングするときだけ、MCCに切り替える。

商業宇宙飛行には、膨大な新技術が導入された。スペースシャトルは、船長が手動で操縦し、着陸する。それだけでなく、ロボットアームの操作から正確なランデブー飛行まで、ほぼすべてが手作業だ。すべての緊急手順と中止シナリオも、クルーが手動で実行した。それが商業宇宙飛行では、自動制御システム、コンピューター、人工知能によって運用されるようになった。これはつまり、商業宇宙飛行は宇宙飛行士ではなく最新のテクノロジーに依存しているということだ。この計画を聞いたとき、宇宙飛行士室にいる私たちの多くは「冗談だろ？」という反応だった。初めてのことばかりで、私も懐疑的なグループの1人だった。とりわけ操縦室の自動化は、私たちにとって受け入れがたかった。

その後、新しい計画がスタートすると、徐々に実績を積み重ね、私たちはその能力と革新性に自信を深めていった。進歩していく過程と、これらの変化がもたらしつつある利点を目の当たりにした。スペースX社は、打ち上げに使用する第1段ロケット（ブースター）を地球に帰還させ、洋上の無人ドローン船に着陸させることで、打ち上げ機をまるごと再利用することに成功した。夜間の着陸も可能だ。この再利用は、当初私たちが懐疑的だった新しい技術と自動制御を採用することで可能になった。これにより、宇宙飛行士と貨物を宇宙に打ち上げるコストも大幅に削減される。

さらにスペースX社は、クルーが介入することもできる緊急事態のほとんどで、コンピューターが介入するほうが実際には安全であることを示した。自動は手動より安全だったのだ。それが判明した時点で、私たちは「よし、それならいい。生還したいからな」という雰囲気になった。スペースシャトルは手動の乗り物であるがゆえに、クルーは起こりうるすべてのことに責任を負い、万が一に備えておく必要があった。そのため、ありとあらゆる不測の事態に備えるために、たゆみない訓練をした。

最近、私の最初のミッションでパイロットを務めたデュアン・キャリー（愛称、ディガー）に、そのミッションのために受けた訓練のうち、宇宙で使わなかったものがどれくらいあったか尋ねてみた。彼の答えは、99・99パーセントだった。自動制御される新型宇宙船では、そもそも起こりそうにない「万が一」のほとんどをコンピューターが処理するため、訓練時間が大幅に短縮されることになった。訓練が軽減されれば、NASAで訓練を受けた宇宙飛行士以外にも宇宙飛行の門戸がいっそう開かれるようになり、NASAの宇宙飛行士も訓練で節約した時間を船外活動や科学実験、教育活動など、飛行以外の面に集約できる。

今日、宇宙へ行く人はしだいに増えているが、宇宙で実施される実験も増えている。コロンビア大学の私の学生は最近、スペースX社のドラゴン宇宙船で国際宇宙ステーションに生物医学宇宙実験を打ち上げた。このような機会はほんの数年前まで例がなく、スペースシャトルの退役後にNASAが大胆な変革を推し進めるなかで立ち上げを支援した、商業宇宙計画によって初めて実現した。

いま、私たちは宇宙旅行の新しい時代を迎えている。私や私の仲間にとって、受け入れがたい大きな変化を経て初めて拓かれた時代だ。さらに受け入れがたかったのは、この急速に変化する状況の結果として、私たちの多くが選択を迫られたことだ。新しい人たちや新しいアイデアに主導権を譲るべきときが来ただけでなく、私たちの一部が道を譲るべきときが来たのかもしれない。

＊　＊　＊　＊　＊

宇宙計画が変化するにつれて、私と宇宙計画との関係も変化した。スペースシャトルの最終飛行をおよそ1年後に控えた2010年4月、私はペギー・ウィットソンのオフィスに呼ばれた。急用とのことだった。彼女は友人であり、養成クラスのクラスメイトであるというだけでなく、少し前に宇宙飛行士室の室長に任命され、私の上司でもあった。NASAの歴史上、その役職に就いた初の女性であり、初の民間人だ。また、ISS（国際宇宙ステーション）の船長を女性として初めて務め、最終的に累積宇宙滞在日数675日というアメリカ人最長記録を樹立した。

ペギーのオフィスに入ると、ISSに6カ月間、長期滞在する予定だった宇宙飛行士が健康上の問題を抱え、フライトに向けた訓練の再開に復帰が間に合いそうにないと説明を受けた。彼女はその宇宙飛行士の代わりに私を任命したいと考えていた。ISSでの長期滞在は大きなチャンスだったが、当時の私はまだ最後のシャトルミッションに任命されるかもしれないと期待していた。24時間だけ考えさせてほしいと頼んだ。

月を見上げて宇宙へ行くことを夢見ていた子どものころ、宇宙へ行きたくないなんて想像もできなかった。いま、宇宙へ行くだけでなく、宇宙で暮らす機会を打診されている。7歳のマイクなら、考えただけで大喜びしただろう。しかし、ペギーのオフィスから出てきた私は……相反する2つの思いで揺れていた。

宇宙飛行をすでに2回経験し、自分が思い描くかぎり最高のミッションに参加した。今回の新しい飛行任務には、ロシアに数カ月間滞在し、ロシアのソユーズで飛行するための訓練を受けることも含まれる。つまり、今後2年半もの長きにわたり家を離れることになるが、これにはミッションそのもののために地球を離れて過ごす期間は含まれていない。スペースシャトルによる飛行任務のような、家を離れるのも短期間の旅ならともかく、これほど長期の任務は……どうだろう。子どもたちは、私にそばにいてほしくてたまらない年頃だ。

この任務を断ったら後悔するだろうと頭ではわかっていたが、心のなかでは、引き受けたらもっと後悔するだろうとも思っていた。翌日、ペギーのオフィスへ出向き、機会を与えてくれたことに感謝しつつも、引き受けることはできないと伝えた。彼女は残念そうだったが、理解を示し、今後の機会には私のことを心に留めておくと言ってくれた。

ペギーのオフィスを出るとき、奇妙な感覚に襲われた。冷たいものが心の奥を流れた。たったいまひとつの章が終わったというだけでなく、何かが死んだような気がしたのだ。宇宙飛行士でありながら、私は飛行任務を断った。宇宙へ行かない宇宙飛行士は、もはやほんとうの意味で宇宙飛行士とはいえないのではないか？　その瞬間、これが終わりの始まりだと悟った。

少なくとも子どもたちが高校を卒業するまで、あと数年は何らかの形でNASAに残るつもりではいたが、その瞬間、すべてが終わったのを感じた。私は50歳になろうとしていた。まだ飛行するには十分な若さだったが、シャトル計画が終了し、民間主導の宇宙計画が開発されるまでの10年間は、ロシアのソユーズ宇宙船に乗ってＩＳＳに長期滞在することが、宇宙への唯一の切符となる。私にとって宇宙飛行が必要でも望んでもいない時代に向かっていた。こんな日が来ようとは想像もしていなかったが、その日は来た。私はもう二度とＮＡＳＡの宇宙飛行士として宇宙を飛ぶことはないだろう。新しい仕事を探さなければならなかった。

唯一不変なるものは、変化だと言われている。変化は避けられない。私たちはみなそれを知っているが、どういうわけか、決して備えができているとはいえない。状況がよくなると、あるいは悪くなったときでさえ、人生とはこういうものだという考え方にとらわれる。そして大きな変化がやって来たときに驚かされるのだ。ペギーのオフィスから出て歩きながら、何かほかにすることを考えなければと思った。でも、それは何だろう？　結局、答えはずっと私のなかにあった。

宇宙へ行きたいという思いに心を奪われたときから、私は自分が宇宙の物語と呼んでいるもの、年齢に関係なく宇宙探査がどれほど人にインスピレーションを与えることができるかということに、等しく夢中になっていた。ＨＢＯで配信されたドラマシリーズ『マーキュリー・セブン』をビデオテープに録画したときは、おそらく50～60回は見たはずだ。ＮＡＳＡや宇宙計画を取り上げた映画やテレビは必ず見ていた。ハリウッドや映画スターにそれほど興味があったわけではない。ただ、そうした作品が重要だと信じていた。

子どものころ、私はジュール・ヴェルヌの『海底二万里』などの本をむさぼり読んだ。私たちはどこへ行けるか、何ができるかという限界を押し広げてくれる物語だったからだ。人類の経験するフロンティアの物語は、私たちの想像力をかき立て、私たちに大きな視野で考え、さらに大きな夢をもつよう後押ししてくれる。ほとんどの人は宇宙へ行くことはない。宇宙へ行った経験について語る私たちの物語から得るものがすべてだ。だからこそ、その物語を正しく伝える責務がある。

2009年4月、私は2回目の宇宙飛行であるSTS-125ミッションを1カ月後に控えて、NASAの広報部から、宇宙から最初のツイートを送信することに興味があるかと打診された。ツイッター（現X）の存在は知っていたし、話題にもなるのだろう。オバマ大統領も数カ月前に就任式でツイートしていた。とはいえ、最初は決めかねた。宇宙飛行士としての経験を共有するのは楽しいが、訓練中に多くの時間を取られることにかかわるのは不安だったからだ。以前、ABCニュースのブログ記事を書こうとしたことがあったが、2本書いたところで時間が足りないことに気づいた。まるで学期末のレポートの締め切りを抱えているようで、常に頭から離れなかった。しかもミッションの準備で、やるべきことはすでにたくさんある。広報部に懸念を伝えたところ、ツイートは140字しかない短いメッセージなのだと言われた。そんなに短いものを読みたがる人がいるなど初めは信じられず、私は少し混乱しながら尋ねた。

「140単語ですか？　それとも、140文字ですか？」

「文字です」と、彼らは言った。

「ああ、まあ。なら私でもできます。もちろん、喜んでやりますよ」

次に知らされたのは、私が宇宙から最初のツイートをするとＮＡＳＡが発表したことだった。私は@astro_mikeというアカウントを用意され、打ち上げ直前の１カ月間、毎日ツイートし、打ち上げ当日まで体験を共有した。

「宇宙からの最初のツイート」にどう取り組めばよいか、私はやるべきことを正確にわかっていた。というのも、私の子ども時代のヒーローであり、地球の大気圏外から語られた最も有名な言葉を発した伝説の人物本人からそれを学んでいたからだ。

私がＮＡＳＡに入った最初の週に、ニール・アームストロングが毎年恒例の宇宙飛行士同窓会に参加するため、ヒューストンのジョンソン宇宙センター（ＪＳＣ）に来ていた。私たちの訓練責任者のペイジ・モルツビーが彼に連絡を取り、新しいＡＳＣＡＮＳ（宇宙飛行士候補者）のクラスで講演してもらえないかと依頼したのだ。ふだんそんなことをしない彼が、今回はすると言ってくれた。

翌朝、私たち新人宇宙飛行士候補者44名全員が、ＪＳＣの4号館南棟6階にある宇宙飛行士室の６６００会議室に集まった。部屋の中央には大きな会議用テーブルがあり、その両側にテーブルに向かって、何列も椅子が並べられていた。部屋の四方の壁には、アラン・シェパードによるマーキュリー号の最初の飛行に始まり、当時としては最近のシャトル飛行であったＳＴＳ－78に至るまで、すべてのミッション飛行のミッションパッチ（ワッペン）を入れた額がぐるりと飾られていた。新人ASCANSにとって、6600会議室は神聖な場所だ。私たちは部屋のなかを見まわし、自分の名前の入ったパッチが掛けられる日を夢見た。

ニール・アームストロングは、人類初の月面着陸の成功に携わったにもかかわらず、謙虚さと感謝の念を忘れない人物として知られていた。地上でアポロ11号を支えた何千もの人たちを常に称賛した。そうした人柄は、部屋に入ってきたヒーローからもしっかりと感じとることができた。ニール・アームストロングが後方から入ってくると、全員が立ち上がった。そうしようと示しあわせていたわけではない。ただ、まるで王族の来訪を受けたかのように、全員が反射的にそうしたのだ。ニールは部屋の前まで来ると、私たちの前でしばし立ち尽くした。自分に注がれる視線が居心地悪そうで、ひどく恥ずかしがっているように見えた。そして、控えめな声で静かに話しはじめた。

エドワーズ空軍基地でテストパイロットをしていたときのこと、高高度極超音速実験機X—15で宇宙空間との境界まで飛行したときのことなどを語った。驚いたことに、彼は講演全体を通して、人類初の月面歩行を果たしたことにはまったく触れなかった。宇宙へ行ったことすら話さなかった。そのことに言及するのは、気が進まないように見えた。まるで大したことではない、ただ自分の仕事をしていただけだと言わんばかりだった。

もし自分の功績を自慢することが許される人がいるとしたら、それは月面に初めて足を踏み入れた人物だ。当時、地球上に生きていたすべての人間は、彼があの歴史的な一歩を踏み出すのをどこで見ていたかまで正確に思い出せるだろう。しかし、ニールはその功績ゆえに注目を浴びることを嫌がっているようだった。彼の同僚が彼について話すのを聞いたことがあるが、ジェイムズ・ラベルもジョン・ヤングもアラン・ビーンも、みな口をそろえて言っていた——月面に最初に降り立つ人物としてニールが選ばれたことは、文句なく最良の選択だった理由はそこにある、と。優れた飛行技術に加え、何事にも惑わされることのない品性と謙虚さが彼にはあった。その日の午後、彼の話を聞いた私のなかで、英雄としての彼の地位は高まるばかりだった。

テストパイロットとしての経験を語ったあと、ニールは質問を受け付けた。当然のことながら、質問は月面着陸と月面歩行に関するものばかりだった。私自身はニールに聞きたかった質問をするチャンスはなかったが、翌日、私とニールはともに宇宙飛行士同窓会の出席者向けに催された、NASAの現在のプロジェクトに関する一連の説明会に聴衆として参加した。私は再び子ども時代のヒーローと同じ部屋にいた。昼食の時間になると会議室にビュッフェが運ばれ、全員、列に並んだ。私も空の皿を手にその列に並び、ふと顔を上げると目の前に、同じく順番を待っているニールがいた。

彼と一対一で話をするという千載一遇の好機に恵まれていることに気づいた私は、自己紹介をして、前日に聞きたかった質問をした。とても感動的で深遠な、歴史に残る彼の言葉についてだ。

「ニール。初めて月に降り立ったときにあなたのおっしゃったことについてですが、『ひとりの人間にとっては小さな一歩にすぎないが、人類にとっては大いなる飛躍だ』という言葉は、どのように思いつかれたのですか？　奥さんからそう言うようにアドバイスされたのでしょうか？　それとも広報担当者がついていたのですか？　そう言おうと決めたのはいつですか？」

ニールは皿を置くと、少し戸惑ったような顔を私に向けた。

「マイク。私は月面に着陸するまで、月で何を言おうかなど考えていなかった。着陸のことだけを考えていた。だって、月面に着陸しなければ、何かを言う理由もなくなるからね」

それから彼は身を乗り出し、少し真剣に話しはじめた。私のキャリアにとって価値のある教訓を伝える機会にしたいと思ったのだろう。

「マイク。君はまだ入ったばかりだけど、これは真剣な仕事なんだということを自覚しなければならない。外部に影響されて惑わされてはいけない。まずは本来の仕事を大事にしなさい。広報や宣伝などは、ただのおまけだ。仕事じゃない。そんなことに気を取られると、悪いことが起きかねない」。それから彼はひと呼吸おいて、私がその言葉を咀嚼するのを待った。「分かりましたか？」

「分かりました、ニール。教えていただき、ありがとうございます」

彼の話は、私には少し意外だった。あの歴史的な発言の背景には、もっと周到な準備があったのだと思っていた。だが、彼の答えは納得のいくものだった。このときの言葉を深く心に刻んでいたおかげで、13年後に宇宙から最初のツイートを送る任務を与えられたとき、私はなすべきことを正確に理解していたというわけだ。

打ち上げの数週間前に行われた最後の記者会見で、私は仲間のクルーと一列に並んで座っていた。みんなでSTS−125ミッションのクルー用のポロシャツに身を包み、壇上から記者団を見渡していた。すると、記者の1人が私に質問した。

「宇宙からの最初のツイートでは何を送りますか?」

私は少しも動じることなく、胸の奥にいる自分のヒーロー、ニール・アームストロングになりきって答えた。

「ツイッターで何をつぶやくかは考えていません。ミッションに集中しています。まずは軌道に乗らなければなりません」。そして、念のために付け加えた。「軌道に乗らなければ、ツイートする必要もなくなります」

数週間後、私たちは無事に軌道に乗った。宇宙に到着すると、すぐにパソコンが取り出され、電源が入れられ、地球にメッセージを送信できるようにローカルエリアネットワークに接続された。私はパソコンのところまで浮かんでいった。仲間のクルーのメーガン・マッカーサーが、宇宙から最初のツイートを送信する私の姿を歴史的な写真に撮ろうと、カメラをもって待ちかまえていた。パソコンの前に浮かんで、キーボードに指を置き、何をつぶやこうかと考えながら、私はふと気づいてしまった。何年も前に私のヒーロー、ニール・アームストロングがくれたアドバイスは、人生で最悪のアドバイスだったということに。

何をつぶやけばいいのか、皆目見当もつかない。時代を超えた、あるいは歴史的な名言どころか、何も思いつかなかった。一瞬、ニール・アームストロングはまっすぐに私の顔を見ながら嘘をついたのではないかと考え込んでしまったほどだ。「月面に着陸したあとに、あの言葉を思いついたはずがない」と思った。

「絶対にありえない！　全世界が、文字どおり全世界が彼の発する言葉に耳を澄ませて見守っていた。しかも、彼は月面にいた！　ロバート・フロストやマヤ・アンジェロウのような大詩人ではない。テストパイロットだったのに！　そんなプレッシャーのなかで、いったいぜんたい、どうやってあんな雄弁な言葉を思いついたんだ？」

私のプレッシャーなど、ニール・アームストロングにはほど遠かった。月にいたわけではない。地球から数百キロメートル離れた無重力空間を漂っていただけだ。世界中が私の言葉をひと言も聞き漏らすまいと生放送に耳を傾けていたわけでもない。私が誰で、どこにいるのか知っている人さえ、地球上にほとんどいない。それなのに、私はつぶやくべきことが何も思いつかなかった。唯一、頭に浮かんだ言葉は「ニール・アームストロングめ、呪ってやる！」だった。でも、それは宇宙からの初ツイートとしては、あまり褒められたものではなかった。

ハッブル宇宙望遠鏡とのランデブー飛行や船外活動に向けた準備など、ほかにやるべき任務があることはわかっていたため、とにかく何かツイートしなければならなかった。そこで、次に思い浮かんだことを急いで入力した。みなさん、こちらが宇宙からの最初のツイートです。

軌道から：「打ち上げは最高でした！　とてもいい気分で、大いに働きながら、壮大な眺めを楽しんでいます。一生に一度の冒険が始まりました！」

そのツイートは5月12日火曜日に地球に送信されたが、その週の終わりまで、投稿がどのように受け止められたのか、あるいは気にしてくれる人がいたのかすら知らなかった。私はやるべき仕事にすっかり没頭していたので、地球上で何が起こっているのか、まったく知らなかった。翌週の月曜日に最後の船外活動が終わったあと、再びノートパソコンまで浮かんでいってメールをチェックした。ヒューストンは夕方だった。とても嬉しいことに、家族からメールが届いていた。船外活動を無事にやり遂げたことを祝う内容に加えて、週末の深夜のテレビ番組に関するニュースもあった。「サタデー・ナイト・ライブ」が、私と私の宇宙からの最初のツイートをからかっていたという。子どもたちの友人は、どうやらそれをカッコいいと思ってくれたようで、その日は学校で話題になったとあった。

カッコいい自分に酔っていたが、すぐに「サタデー・ナイト・ライブ」で痛烈に皮肉られていたことを知った。番組内の時事ニュースのパロディコーナー「ウィークエンド・アップデート」で取り上げられ、ニュースデスクからセス・マイヤーズがこうリポートした。

「宇宙ステーション『アトランティス』に搭乗した宇宙飛行士マイク・マッシモは」と話しはじめた。私の名前はほぼ正しかったが、スペースシャトルと宇宙ステーションを混同している。

「宇宙でツイッターを使用した最初の人物となり、次のようにツイートしました。『打ち上げは最高でした……』」

彼は「打ち上げは最高でした」という部分を、できるかぎり単調で退屈な声で読みあげた。そして、少し口をつぐみ、その言葉をかみしめるようにしてから続けた。「つまり、私たちは40年で『人類にとって大いなる飛躍』から『打ち上げは最高』というところまでたどりついたということです」。彼は大笑いした。「もし宇宙で生命体に遭遇でもすれば、きっとこのような知らせが届くことでしょう」。そのとき、画面に私のツイッターIDが表示され、まるで@astro_mikeが「おいおい、宇宙人だぞ！」とツイートしたかのような図が映し出された。

面白い冗談だ。

こうして私は、宇宙から「無防備に」最初のツイートを投稿したことによって、有名なバラエティ番組に出演しただけでなく、地元の中学や高校で話題になった。数年後、史上初の月面着陸に成功したアポロ11号の50周年記念イベントに出席して、ニール・アームストロングの息子のマーク、リックと話をする機会があり、親しくなった。私は息子たちに父親から受けたアドバイスについて話し、月面着陸後に彼の語った言葉はほんとうに着陸してから考えたのだと思うか尋ねてみた。「ええ、たぶんほんとうだと思います」と、彼らは言った。「父はそういう人でした。自分の仕事を全うすることだけを考えていました」。つまるところ、彼には詩人の素質があったのだろう。

私たちは特定の職業を華やかだと考えることがあり、宇宙飛行士もそうだと思うかもしれない。しかし、宇宙飛行士の仕事に日々の華やかさなどほとんどなく、献身、犠牲、そして懸命な努力が求められるというのが真実だ。なかには業績ゆえに、図らずも有名になった宇宙飛行士もいる。例えば、アメリカ人として初めて地球を周回したジョン・グレンや、アメリカ人女性として初めて宇宙へ行ったサリー・ライドなど。しかしNASAの哲学は、宇宙飛行士の得るささやかな名声はチームのために、常に控えめに扱われるべきだということで一貫している。

何年も前、悪名高いことに、あるASCANがオリエンテーションに出席した際、自分たちはきっと称賛を受けるはずだと見越して広報担当者を独自に雇っていたことがある。これにはみんな怒り心頭に発した。NASAの功績は、宇宙計画に携わる人々や組織全体のものであり、誰か特定の個人のものではない。

とはいえ、宇宙の物語は語られるべきものだということもまた事実だ。誰かが語ることになるが、実際に宇宙へ行ってじかに体験した人物以上に適任者はいない。宇宙飛行士の同僚と比べて、私は船外活動では平均以上だったと言えるかもしれないが、ほかの仕事ではほとんどが平均的だった（私がいたエリート集団を考えれば、平均的であることさえ十分に難しかった）。ただ、宇宙の物語を語ることは、私にいちばん向いた仕事であり、多くの同僚より楽しんでいた。

例えば、平均的なテストパイロットや航空エンジニアを例にとってみよう。カメラの前に立って撮影されることは、おそらく彼らの得意分野ではないだろう。ところがどういうわけか、私には抵抗がなかった。自分の体験を一般の人と共有することをいつも楽しんでいた。NASAが私にツイートを送るよう依頼したのも、それが理由だった。私にうってつけの仕事だと思ったようだ。そんなわけで、人生のこの新しい局面を受け入れ、宇宙の物語を語るという自分の関心事を探求すべきときが来た。

宇宙からの初ツイートで私はいくらか知られた存在となり、ハッブル宇宙望遠鏡への最終ミッションに対する一般の関心は、近年のほかのシャトルミッションに比して桁外れに高まった。IMAXフィルムの『ハッブル3D』など、私と仲間のクルーを特集したドキュメンタリーがいくつか制作され、私はNASAを代表してスピーチをしたり、そうした映画やほかのメディア事業の広報活動に参加したりするようNASAから継続して依頼を受けた。

テキサス州オースティンで開催されたサウス・バイ・サウスウエスト映画祭には、NASAを代表して派遣された。また、CBSの深夜トーク・バラエティ番組「ザ・レイト・レイトショー・ウィズ・クレイグ・ファーガソン」の準レギュラーになるなど、テレビ番組にも出演するようになった。公の場に出る機会が増えるにつれて、依頼も増え続けた。

2010年5月、コメディアンで司会者のデイビッド・レターマンとその家族がSTS―132ミッション飛行の打ち上げを見学しにケネディ宇宙センターに来たときは、彼らの案内役をNASAから頼まれた。私はデイブと妻のレジーナ、彼らの招待者と楽しい時間を過ごした。それから1週間ほどして、デイブが番組プロデューサーを通してNASAに連絡をとり、CBS

の深夜トーク・バラエティ番組「ザ・レイト・ショー・ウィズ・デイビッド・レターマン」のゲストとして招いてくれた。この一連の出来事は個人的にとても嬉しかったが、NASAにとっても大きな宣伝になった。私はテレビ、ニュース、映像作品などに数多く出演し、そうした世界で成功している魅力的な人たちと知りあうことができた。彼らはNASAが宇宙で成し遂げようとしている刺激的な事業について興味を示してくれ、私は喜んで語り、NASAも私が代弁者となることを歓迎した。

そんなとき、幸運が舞い込んだ。人生ではたいてい、機会は自分でつくる努力をするものだ。目標を設定し、その目標を達成するために必要だと思うことをやり遂げる。しかし、時には提示された機会に「イエス」と言うだけでよい場合がある。

執務中に、ワシントンDCにあるNASA本部の広報部の、テレビおよびエンターテインメント担当のバート・ウルリッヒから電話がかかってきたのが、まさにそれだった。

「マイク。『ビッグバン★セオリー』について聞いたことがありますか?」

「もちろんです」私は答えた。「何十億年も前に起こった大爆発で、その結果、宇宙が形成されたんです」

「いや、いや。実際の理論じゃなくて、テレビ番組の『ビッグバン★セオリー』のことです」

もちろん、その番組のことは聞いたことがあった。科学、技術、工学、数学（STEM）分野で働く、優秀だが変わり者の登場人物たちを描いた大人気のラブ・コメディだ。バートの説明では、番組のプロデューサーと脚本家がNASAや宇宙計画にとても協力的で、番組の登場人物の1人がISSへ行くという筋書きの可能性を探りたがっているとのことだった。面白いだけでなく信頼できる作品にするために宇宙飛行士と話をしてアイデアを得たいということで、その仕事に私が適任だとバートは考えていた。

そこで私はロサンゼルスに飛び、番組プロデューサーに電話したところ、バーバンクにあるワーナーブラザーズのスタジオの脚本家室に立ち寄るよう誘われた。翌朝、スタジオに到着し、ワーナーブラザーズの映画で見たすべてのオープニングに出てきた防音スタジオのある駐車場を車で通り抜けた。なんともカッコいい。

彼らのオフィスがある小さな建物の脇に車を停めると、脚本家室に案内された。とんでもなく大きい会議用テーブルがあり、15人ほどが座っていた。その場に立ち会うのは胸が高鳴り、現実ではないような気さえした。「ここからすべてが生まれるんだ」と思った。番組の共同制作者であるビル・プラディとチャック・ローレ、そして番組に参加するすべての脚本家が出席していた。話しはじめてお互いのことがわかるようになると、自分が同席しているのは、とても頭のいい面白い人たちの集まりだと気づいた。

彼らは私をこころよく迎えてくれ、宇宙飛行士の生活に関するちょっとした面白おかしいこと、例えばニックネームの付け方など、宇宙計画の関係者以外は考えもしないような事柄について質問攻めにした。ニックネームは自分で決めてはいけないのだが、それは自分で決めようとすると裏目に出ることがあるからだ。そこで、民間人ゆえに軍隊やNASAでのニックネームの付け方の流儀を知らなかった、ある新人ASCANの話を紹介した。

そのASCANは、ベテランの海軍パイロットの宇宙飛行士からニックネームがあるか尋ねられたとき、自分は映画『スターウォーズ』が大好きなので、お気に入りの主人公ルーク・スカイウォーカーにちなんで「スカイウォーカー」と呼んでほしいと答えた。

パイロットはこれを聞いてむせてしまった。「そんなにスターウォーズが好きなのか?」

「はい、とても! 私のことはスカイウォーカーと呼んでください!」。ASCANは答えた。

パイロットはしばらく考えを巡らせてから、こう答えた。

「スカイウォーカーはふさわしくないんじゃないか。君の名前は、ジャー・ジャー・ビンクスにしよう!」

その瞬間から、かわいそうなASCANは『スターウォーズ』の登場人物でもおちこぼれの「ジャー・ジャー・ビンクス」、あるいは略して「ビンクス」と呼ばれることが多くなり、自分ではどうすることもできなかった。

ほかには立て替えた旅費の返金など、宇宙飛行士のあまり知られていないこまごましたこともいくつか話した。政府職員として出張するたびに、出張命令書を渡されるのだが、例えばヒューストンからNASA本部への出張では、出張命令書に「出発地:テキサス州ヒューストン、目的地:ワシントンDC、そして帰着」と書かれている。ほかに交通費、宿泊費、食事代などの金額も記載される。宇宙へ行くときもまったく変わらない。

宇宙へ飛び立つ前に出張命令書に署名したときのことは忘れられない。この「公用出張」では、「出発地：フロリダ州ケネディ宇宙センター、目的地：地球低軌道、そして帰還」と書かれていた。「そして帰還」の部分を見たとき、とりわけほっとした。少なくともNASAは私を生還させるつもりなのだ、と。それから、出張の詳細に目を通した。

交通費：支給（スペースシャトルを使用）

宿泊費：支給（スペースシャトルに宿泊）

食事：支給（NASAがスペースシャトルに搭載）

旅費のすべての項目に0と記載されていたが、雑費：1日3ドルが例外だった。

雑費とは、ちょっとしたチップやチューインガム、万が一の備えにあてる費用だ。政府はその費用をゼロにする方法を思いつかなかったようだ。そこで宇宙飛行が終わると、宇宙飛行士は全員1日3ドルの小切手を受け取る。さらによいことに、政府の規定でこれは立て替え払いへの返金とみなされるため、課税対象ではなかった。宇宙飛行のボーナス、どうだろう！

そうしたこまごましたことについての小話をいくつも披露したところ、ビルもチャックも脚本家たちも大変気に入ってくれた。数時間ほど話したり笑ったりして親しくなったころ、おいとまして職場へ戻る時間になった。それからおよそ6カ月後、ビル・プラディからメールが届き、私が演技ができるか、番組にカメオ出演することに興味があるかと打診された。ぜひやりたいが、私が最後に演技らしい演技をしたのは、小学3年生のクラス劇「Rufus Robin's Day in Court（ルーファス・ロビンの法廷の日）」で鳥の役をしたときだ、と返信した。ビルは、演技の経験がないことは心配しなくていいと言ってくれた。「あなたは長い間、あなたをやってきたんだから」と。そして「あなたは、ただあなたでいてくれればいい」とも言った。わかりました、と答えたとき、私はまだこの新しい冒険がどれほど素晴らしいものになるか、まったくわかっていなかった。

最初に出演したのは、偶然にもニックネームにまつわるシーンだった。ハワード・ウォロウィッツという登場人物が、宇宙飛行に向けて準備をしている。彼はみんなから「ロケットマン」と呼ばれたいと思っているのだが、私の役とズームでオンライン通話をしている最中に、彼の思惑は期待外れの着地をする。彼を溺愛する母親が電話をかけてきて、シリアルのフルーツループスが湿気てきていると告げた。会話の中断を謝るウォロウィッツに、私は「大丈夫だよ、フルーツループス」と答える。こうして、彼はまったく望んでもいないニックネームを押しつけられることになる。

この番組には最初のカメオ出演からさらに6回出演し、史上最も成功したテレビ番組のひとつに継続して登場する役を得ることになった。メディアで成功したことをきっかけに、宇宙飛行士を辞めたあとの自分のキャリアを、宇宙の物語を伝えることに捧げる方法を考えるようになった。自分がそうだったように、あらゆる年齢の人が、人生で星をつかもうとするのを励ましたい。私には養うべき家族がいるし、エンターテインメント業界では安定したキャリアは決して望めない。そこで、物語を伝えるためのより確かな場、つまり教室と、エンターテインメント業界の仕事を両立させればいいと考えた。

1996年に宇宙飛行士候補者に選ばれたとき、私はジョージア工科大学工学部でテニュア（終身在職権）トラック付きの教職を得て、その仕事を心から楽しんでいた。講義をしたり、学生と研究をしたり、教員と交流したりするのが好きだったし、若い学生が学んで優れた技術者や市民に成長する手助けをしているのを実感できた。学校を取り巻くエネルギーや文化も大好きで、フットボールやバスケットボールの試合では愛校心を感じていた。いつか宇宙計画に携わりたいと心に決めていたにもかかわらず、長く幸せでいられる仕事に出合えたと思っていた。

ペギー・ウィットソンにISS（国際宇宙ステーション）での長期滞在を断った直後、幸運にも私はまた彼女のオフィスに呼ばれ、ヒューストンのダウンタウンにあるライス大学が、「ライス宇宙研究所」と呼ばれる新しい宇宙研究のコンソーシアムを立ち上げるためにNASAからの支援を求めていると知らされた。NASAは研究所の設立を支援するため、職員の1人をライス大学に理事として派遣することを決めており、彼女は私の名前を候補として挙げたいとのことだった。それこそまさに私の求めているものだった。私は立候補し、その職を得た。任期は1年で、NASAに貢献しながら、大学に戻ったときの感触を確かめる機会を与えられた。

ライス大学では学術的な環境に戻れたことがうれしいだけでなく、ジョージア工科大学で気に入っていたことのすべて、いや、それ以上のものがあった。しばらくして、ライス大学の任期中に、母校のコロンビア大学で講演するためニューヨーク市へ行った。工学部長のドナルド・ゴールドファーブと昼食をともにしていたとき、ライス大学での処遇と同じように、コロンビア大学でもNASAからの出向として教員に加わらないかともちかけられた。機械工学部の所属で、「有人宇宙飛行入門」という新しい講座を立ち上げて教えることになるという。また、宇宙関連の研究やキャリアに関心のある学生の研究を支援したり相談に乗ったりもするとのことだった。

私はそのチャンスに飛びついた。学問の世界で腕試しをする機会をまた得られるというだけでなく、古巣に帰る機会でもある。学部生として私を教育してくれた大学に、そして世界のメディアの中心地であるニューヨークに帰るチャンスだ。ニューヨーク市内に拠点を置くさまざまな報道機関を通じて、自分の経験を共有する機会もあるだろう。NASAに確認して、計画の承認をもらい、次の1年はヒューストンとニューヨークを飛行機で行き来しながら過ごした。引き続きNASAに貢献するとともに、教室で若い学生を教え、機会のあるかぎりカメラの前に立って宇宙の物語を伝える――私は人生を謳歌していた。

そうして数カ月を過ごすうちに、自分のなすべきことがだんだんとはっきりしてきたように感じ、NASAを離れて新しいキャリアを歩みはじめるときが来たと思った。それでも、もう少し確信を得たかった私は、知りあいの元宇宙飛行士のコミュニティをまわってアドバイスを求めた。案の定、最も賢明な言葉をかけてくれたのは、私のメンターであり月面歩行をしたアラン・ビーンだった。

ある日の午後、私はアランの家を訪ねた。当時、80歳近かった彼は宇宙飛行士を引退したあと、次の情熱の対象である絵画の道へ進むことを決意して、第2の人生にうまく移行していた。月面を歩いた技術者でありテストパイロットの彼は、驚くほど正確に宇宙を描き、自分やアポロに搭乗した同僚宇宙飛行士の経験をユニークかつ美しい手法で記録した。ひとつの頭のなかに、これほど優れた左脳と右脳の才能をあわせもつ人に、私は会ったことがない。

私が転身を考えていることを相談すると、アランは宇宙飛行士室を辞めることを終わりとみなすのではなく、人生の新たな局面の始まりと考えるように、と言った。彼自身、退職するときには、別の立場でＮＡＳＡに残る、起業する、民間航空機のパイロットになって飛び続けるなど、多くの選択肢を検討したという。だが最終的に、宇宙飛行士引退後のキャリアを、次の夢を追求する機会だととらえることにした。そして、画家になるという夢を追うことに決めた。それは彼の人間性の芸術的な側面をはぐくむことになった。

ただし簡単ではなかった、と彼は忠告した。とりわけ金銭面で苦労した、と。彼と妻のレスリーはしばらくのあいだ十分な収入もなく、頼れる貯金もあまりなかった。宇宙飛行士は公務員で、政府の職員だ。十分な給与を得てはいるが、私たちのスキルがあれば、民間企業ならばはるかに高給を得られるだろう。アランとレスリーは犠牲を払って質素な暮らしをしなければならなかったが、幸運にも彼らの犠牲は報われた。アランは新たに選んだ職業で大成功し、幸せをつかんだのだ。

数時間ほど話をしたのち、帰り際にレスリーに挨拶をして、午後のひとときにアランと話す機会を与えてくれたことに感謝を告げた。アランは私を見送るために車まで歩きながら、もうひとつアドバイスをくれた。

「マイク、第2の人生で何をするにしても、権利意識をもってやってはいけないよ。誰かに何かを与えられて当然だなどと、決して考えてはいけない。権利意識をもてば、幸せで充実した人生に災いを招くからだ」

アランも私も、残念ながら、そんな道をたどることになった宇宙飛行士を何人か知っている。彼らはNASAを去ったあと、「おい、俺は宇宙を飛んだんだぞ。大した報酬もなしに、すごいことをたくさんやってのけた。国と科学のために命を懸けたんだから、何かいいことがあって当然だ」と考えたのだ。とんでもない考え方だ。というのも、そのいいことがやって来なければ、権利意識が募り、恨みや怒りに凝り固まってしまうからだ。

人生で自分は何かを与えられる権利があると感じるとき、人は絶対に幸せになれない。人生で何かをするときは、自分がそれをしたくてたまらないから、自分自身より大きなものの一部になりたいから、人生で意義深いことをして他者に還元したいから、などの理由で行うべきだ。宇宙飛行士としてNASAにいるあいだは有意義な仕事をする機会に恵まれるが、宇宙計画を離れたあとの人生でも、有意義なことをする機会はある。ただし、何ひとつ権利があるわけではないため、ただ与えられるのを期待しているだけではいけない。

第2の人生を模索しているとき、ヒューストン・アストロズがメジャーリーグ50周年記念のシーズンを迎えていた。何年も前から球団の首脳陣と親交を深めていた私は、ヒューストンのダウンタウンで催される祝賀会に招待された。チームの伝説的な元選手も何人か出席し、会の途中で一人ひとり壇上に招かれた。なかには80代で、杖をついて歩く人もいた。私は、「おもちゃの大砲」と呼ばれた強打者のジミー・ウィンや、1969年にワールドシリーズで優勝したニューヨーク・メッツのオールスター捕手ジェリー・グロート、そして史上最高の奪三振ピッチャーとして野球殿堂入りを果たしたノーラン・ライアンなど、子どものころに見覚えたスターたちを目の当たりにすることができた。

最後に紹介されたのは、ラリー・ディアカーだった。1964年の18歳の誕生日にアストロズでメジャーリーグの投手としてデビューし、その初回にウィリー・メイズを三振に打ち取った選手だ。1960年代から70年代にかけてアストロズのスター選手となり、4シーズンにわたってチームの監督も務めたラリー・ディアカーは、ステージに上がると演壇に立ち、グループを代表して簡単な挨拶をした。来場者全員に感謝を述べ、何十年にもわたり球団が選手のためにしてきたすべてのことに謝意を表した。そして、こうした集まりの意義について言及し、壇上に集った元選手たちの思いを代弁した。

「ある日、18歳でウィリー・メイズを三振に打ち取り、そんな人生がずっと続いていくのだと思う。それがいつの間にか65歳になって、仲間のみんなとステージにいる。『何があったんだ?』と自問する。でも、この壇上にいる私たち全員、自分はユニフォームに身を包んでメジャーリーグの球場に立つ、18歳の新人だと思っている。私たちにとって、メジャーリーグの選手であるとはそういうことだ。それほどに、私たちにとって意味のあることだった。私たちはいまでも自分自身をメジャーリーグの野球選手だと思っているし、これから先の残りの人生でもそう思い続けることだろう」

群衆のなかに立っていると、ラリーの言葉で、STS－125ミッションでのフライトの最後の日々、つまり生涯最高の2日間に連れ戻された。帰還の準備をしていると、ちょうど打ち上げ・大気圏突入用の宇宙服を身に着けた直後にMCCから連絡があり、素敵な贈り物を受け取った。フロリダの悪天候だ。ケネディ宇宙センターへの着陸が不可能となり、予定した大気圏突入が延期された。

私たちは宇宙でもう1日過ごせることになり、しかもやるべきことは何もない。帰還する予定だったため、飛行計画には何も任務が入っていないのだ。食事の用意をする装置と宇宙用トイレである排泄物処理装置の電源を入れる必要はあったが、それ以外は休みだ。翌日も悪天候のため、もう1日、宇宙での休みとなった。3日目にしてようやくカリフォルニア州のエドワーズ空軍基地に着陸を変更するよう指示されたが、その間、私たちは宇宙で丸2日の休日を手に入れた。その2日間、私は「アトランティス号」のフライトデッキ（操縦室）の窓の前に陣取って、地球や自分を取り巻く宇宙をじっと眺めていた。

宇宙で音楽を聴くのが大好きな私は、地球を周回するのにもってこいのプレイリストをつくっていた。夜には南十字星を眺めながらトーマス・ニューマンの作曲した『ジョー・ブラックをよろしく』のサウンドトラックを聴き、昼間にアフリカ上空を通過しているときにはコールドプレイの「イン・マイ・プレイス」を、太陽に照らされた太平洋上ではスティングの「ホワイ・シュッド・アイ・クライ・フォー・ユー」を、そして日の出のたびにレディオヘッドの曲を聴いた。天国だった。

一方、仲間のクルーは少し不安げで、手にした自由時間をどう過ごせばいいか戸惑っているようだった。そのうちに彼らは「アトランティス号」のミッドデッキ（居住空間）を間に合わせの映画館にして、映画を観はじめた。あるとき、夜のオーストラリア上空にかかる雲を雷が照らす様を眺めていると、友人でクルー仲間のアンドリュー・フォイステルにミッドデッキから大声で呼ばれた。

「おい、マス！　こっちへ下りて来いよ！」

「なんで?」。眼下に広がる奇跡のような光景にまだ心を奪われていた私は、そう言った。

「これから『ナチョ・リブレ　覆面の神様』を観るところなんだ」。彼は幾分慌てた様子で言った。

「ありがとう！」私も大声で返事をした。「でも着陸してから見るよ！」

『ナチョ・リブレ　覆面の神様』はとても面白い映画だし、ジャック・ブラックの大ファンではあったが、宇宙で過ごす最後の時間にプロレスのコメディを観るなんて、私には絶対にありえなかった。私はスペースシャトルの窓辺に浮かんで外の光景をうっとりと眺めながら、宇宙の美しさに見惚れた。そして、ミッションについて思いを巡らせた。

これが自分の夢見てきたことのすべての集大成であり、自分の実現させた100万分の1の可能性なのだ。あのメジャーリーグの野球選手たちと同じように、80歳になって記念行事で杖をついて壇上を歩くとき、キャリアの絶頂にいた、あの瞬間の自分を必ず思い出すだろう。

ハッブル宇宙望遠鏡に新しい命を吹き込んで、地球の上空に浮かびながら、人類の文明のすべてがゆっくりと下を流れていくのを見つめる。私にとって、唯一無二の至高の体験だ。これを超えるものはない。だが一方で、その記憶で立ち止まることなく前進することができなかったら、記憶は台無しになっていただろう。

ラリー・ディアカーの話を聞いて思った。偉大なことを成し遂げたあとは、不可能に思えることをできるようにしなければならない。それは、たとえ自分のなかに永遠に残り続けるようなものであっても、手放すということだ。

だから私はそうした。コロンビア大学で客員教授の1年の任期が終わりに近づいたとき、大学側から常勤の職をオファーされて引き受けた。私は第2の人生を見つけた。それは、宇宙の物語を伝え続けるためにメディアの世界に足を突っ込みながら、次世代の夢想家や科学者を教えること。この決断に至るまでに5年かかった。自分のなすべきことがわからなかった5年、どんな決断をしても後悔しそうで怖かった5年だった。しかし、いまや私はあらためて地球に着陸したような気がしている。新たな人生、新たな帰るべき場所を見つけたのだ。

NASAでの私の最後の日は、2014年7月28日の月曜日だった。ジョンソン宇宙センターで宇宙飛行士として宣誓してから、18年近く経っていた。最後の日を月曜にしたのは、6600会議室で行われる宇宙飛行士室の月曜の朝のミーティングに出席して、最後のお別れをするためだ。

当時はペギー・ウィットソンに代わり、ロバート・ベンケンが宇宙飛行士室の室長を務めていた。ボブは宇宙飛行士室とNASAへの私の貢献に対して感謝を述べ、またいつでも訪ねてきてほしいと言ってくれた。その後、少し挨拶をする機会が与えられた私は会議用テーブルの前まで進み出ると、18年前の月曜の朝の初ミーティングでも座っていた同じ部屋を見まわした。1996年に壁に掛けられていたミッションパッチはすべてそのまま残っており、さらに、私の名前が入ったSTS－109ミッションとSTS－125ミッションを含めた多くのパッチが加わっていた。養成クラス「サーディン」のクラスメイトたちの名前も壁のあちこちに掛かっていて、そのなかに、STS−107ミッションのパッチに刻まれたローレル・クラーク、ウィリアム・マッコール、デイビッド・ブラウンの名前もあった。コロンビア号の事故で亡くなったクルーのパッチである。

この18年間に、ほんとうにたくさんのことがあった。国際宇宙ステーションの建設、ハッブル宇宙望遠鏡の修理、民間人による宇宙飛行計画。そして、多くの宇宙飛行士が経験を積み自信をつけた。「サーディン」のクラスメイトのほとんどはすでに去ったが、数人は残っていた。新しい養成クラスの宇宙飛行士「ザ・8ボールズ」もいた。私のよく知る、熱意とエネルギーに満ちあふれた表情で見つめ返す彼らの若い顔を見渡した。

私は、数分ほど話す時間をもらったことに感謝を述べた。18年間、この組織、この家族の一員でいる機会を与えられたことを、どれほどありがたく思っているか伝えた。私は宇宙飛行士室を去ろうとしているが、宇宙飛行士ファミリーを離れるわけではない。これは生涯にわたって続く関係だ。連絡を絶やさず、何らかの形でこの部屋にいる誰かの役に少しでも立つことができたら光栄だ。人生の新たな局面を楽しみにしているが、この部屋にいる仲間やここで得た経験をいつまでも懐かしく思うだろう、と。

大きな拍手がわき起こり、何人かと握手して、友人たちと自撮り写真を何枚か取るうちに、退出する時間になった。私はパソコンと携帯電話を返却し、思い出の品をすべて荷造りして、車に積み込み、正門へ向かった。そこで最後にひとつ、やるべきことがあった。NASA宇宙飛行士のIDカードを返却し、新しい「元宇宙飛行士」のIDカードと交換するのだ。これでまたここに帰って来られる。まだファミリーの一員なのだと感じた。いまだにそう感じている。ひとたびNASAの宇宙飛行士になったら、ずっとNASAの宇宙飛行士だ。私たちの絆が断ち切られることは、決してない。

NASAを去って10年近くが経った。最初は自分の決断に真剣に疑問を感じた。夢の仕事を諦めることなどできるだろうか？　どうして飛行任務を断るなんてことができたんだ？　後悔でいっぱいになることがよくあった。

後悔は私がいちばん嫌いな言葉のひとつで、何としても避けるべきものだ。私にとって後悔とは、間違った理由で決断を下したということであり、その決断をやり直すチャンスは二度となく、不満や不幸をもたらしかねない。悪くすると、生きていないも同然の人生になってしまうかもしれない。しかし、どんな大きな決断でも、一抹の後悔は避けられそうにない。そんなときは、30秒だけ後悔することを自分に許して、前に進むことにする。

信念をもって新たな人生に飛び込んだが、何年も経つうちに、当初の疑問はそれ以降に出合ったすべてのものに対する感謝にとって代わった。私にとって宇宙探査は、妻や家族、友人を除いて、いまも大きな愛の対象であり、それはこれからも変わることはないだろう。とはいえ、自分はまだ宇宙計画の一部なのだとつくづく思うようになった。

いまでは自分の経験をコロンビア大学のクラスの学生たちや、宇宙分野の顧問を務めるイントレピッド海上航空宇宙博物館の来館者、毎年数十のイベントや会議で行う基調講演の聴衆に伝える機会がある。テレビにも頻繁に出演して宇宙探査の最新動向について議論するなど、より多くの聴衆に伝える機会もある。また、本書の執筆を通して、あなたにも伝えている。もう自分の決断を疑問に思うことは、ほとんどない。

そういうわけで、人生や仕事で変化に直面したときは、変化を受け入れよう。そのために、いくつか考慮すべき点を次に挙げる。

- 永遠に続くものは何もないということを覚えておこう。唯一不変なるものは変化だけだ。あなたが愛して取り組んできたことも、永遠に続くようには企図されていなかったはずだ。続くだけ続いて、あとはあなたを新しい何かへ導くことになっていたはずだ。
- 変化を損失ととらえるのではなく、新しい何か、もっと素晴らしいかもしれない何かへとつながる機会ととらえよう。
- 人生の新たな局面に踏み出すことを、未知の世界へ宇宙遊泳する第一歩だと考えよう。何が待ち受けているかわからなくても、それが輝かしいものである可能性は高い。
- 人類が月へ行った理由は、最初に洞窟を離れた理由と同じく、未知なる世界に対する人間の基本的な好奇心だ。人生にはもっと多くのものがあることを常に忘れてはいけない。それが何かを探りあてるのは、あなた自身の務めだ。

私たちは、人生で起こることを常にコントロールできるわけではない。とりわけ、シャトル計画の終了や、ほぼすべてを一変させた世界的なパンデミックなど、大きな変化の場合はなおさらだ。私たちがコントロールできるのは、そうした変化に対する自分の見方であり反応である。

人生は、時に思いがけない出来事を投げかける。

10年後には世界はまったく違う場所になっているだろう。それは避けられない。その変化を受け入れる選択をしよう。そうすれば、受け入れなかった場合よりもずっと幸せになるだろう。

エピローグ
Epilogue

以上が、私がＮＡＳＡやそれ以外の場で学んだ多くの教訓のうち、10年近く前に宇宙計画を離れてから、最も共感を集めたものの一部だ。

ＮＡＳＡで過ごした時間が懐かしい。友人や同僚が懐かしい。任務でミッションコントロールセンター（運用管制室）に足を踏み入れたのが、たとえ夜間のシフトであっても、懐かしい。スクーターと一緒にT—38ジェット練習機に乗って、メキシコ湾でアクロバット飛行をし、雲の上をサーフィンしたことも懐かしい。

スペースシャトルにもう一度乗って、仲間のクルーとハッブル宇宙望遠鏡の修理をしたり、地球や宇宙の壮大な光景を眺めたりできたらいいのにと思う。そうしたことを懐かしく思う一方で、それらを体験する機会に恵まれたことに感謝し、人生のあの時期がいまにつながっていることをありがたく思う。というのも、いまの人生もまた比類なく素晴らしいからだ。

初めての宇宙飛行に備えて、宇宙写真のクラスへ向かう途中、クルー仲間で友人のジョン・グランスフェルドがひと言アドバイスをくれた。「マス、宇宙から帰ってきたら、君には2つのものが残る。写真と思い出だ。でも、思い出は薄れる」と、彼は言った。私の思い出はまだかなり鮮明だが、最近、このアドバイスがいかに重要かを思い知った。

この本にも書いたSTIS（宇宙望遠鏡撮像分光器）の船外活動時にヘルメットのカメラで撮影した映像を、いくつか見ていたときのことだ。その映像は14年前のフライト以来、一度も見たことがなかった。それを見ると、手すりの問題を解決しようとチームのみんなで1時間以上も必死に試行錯誤していたのに、解決した途端、ダン・バーバンクはチェックリストにある次の作業を淡々と私に指示しはじめた。まるで緊急事態など発生しなかったかのような、いつもどおりの口調だった。仕事に戻らなければならなかったが、私は要求された指示に従う代わりに、少し時間をくれないかとダンに頼んだ。とんでもない失態から気をとりなおすのに、少し振り返る時間が必要だった。地球を見つめながら、作業を続行できるように気持ちを整え、2度目のチャンスがあることに心から感謝し、30秒後に仕事に戻った。

ビデオを見ると、地球からおよそ560キロメートル上空で過ごしたあの素晴らしい日がいかに感動的だったかを思い出した。そしてあの経験が、NASAやそれ以降の多くの経験と同様に、いまの私を形づくるうえでどれほど役立ったかを思い出した。

NASAの宇宙飛行士として過ごした18年間に出会ったどの人も、どの出来事も、どの瞬間も、私にとって大きな意味がある。一方で、それらについて話したり書いたりすることは、そのすべてがなぜそんなにも特別だったのか、理由を思い出す機会になった。船外活動時にヘルメットのカメラで撮影した映像を見たときもそうだ。でも、いまではそうした思い出をより広く伝えることができる。

多くの人が私の話に関心をもち、耳を傾けてくれたことに感謝し、人生を旅するなかで役立ててもらえたことを嬉しく思う。私が宇宙飛行から得た教訓が本書を通して読者のみなさんに伝わり、みなさんにとってのいちばん大きな夢――自分自身のムーンショットを実現する一助となれば幸いだ。

みなさんの旅の成功と幸運をお祈りする。

謝辞
Acknowledgments

本書の執筆にあたり、多くの人に助けていただいた。長くなるが、紹介したい。

・共著者のタナー・コルビーは、またひとつ新たな文学の旅に同行し、非凡な文才を発揮してくれた。

・ユナイテッド・タレント・エージェンシーの著作権代理人であるバード・リーベルとダン・ミラシェフスキーは、本書の構想を練り、実現するのを手助けしてくれた。

・編集者のダン・アンブロジオとアシェット・ブック・グループのチームは、私がこのプロジェクトを前進させ、道筋を示すと信頼してくれた。

・正直に書くことを許し、出来事が正しく整理されているかを確認してくれた友人や同僚、家族をアルファベット順に挙げる。

スコット・〝スクーター〟・アルトマン、ジェフ・アシュビー、レスリー・ビーン、ジョン・ブラハ、チャールズ・ボールデン、ダン・バーバンク、アンドリュー・フォイステル、マイク・フインケ、ロバート・〝フート〟・ギブソン、ジョン・グランスフェルド、グレッグ・〝レイ・J〟・ジョンソン、ジム・〝ベガス〟・ケリー、トニー・ラルーサ、ジェシカ・マリナッチョ、フラン・マッシミーノ、ギャビー・マッシミーノ、ダニエル・マッシミーノ、メーガン・マッカーサー＝ベンケン、ドナルド・ペティ、ビル・プラディ、フレデリック・〝CJ〟・スターコウ。

家族のギャビー、ダニエル、フラン、オリビア、ネイト、ジョー、ヘレン、ケイシー、エディ、リア、レオ、マット。彼らの愛とサポートに感謝する。

だれより、いつも私を支えてくれる、愛する妻ジェシカに感謝を捧げる。

■著者紹介

マイク・マッシミーノ（Mike Massimino）

ニューヨーク・タイムズのベストセラー作家。1996年から2014年までNASAの宇宙飛行士を務める。２度の宇宙滞在中に４度の船外活動をして、ハッブル宇宙望遠鏡に関する２つのミッションを完遂した。それにはスペースシャトル史上もっとも危険で繊細といわれた最後のハッブル修理ミッションが含まれる。また、スペースシャトルの１つのミッションにおける船外活動の累計時間のチーム記録を仲間とともに樹立し、宇宙からツイートした最初の人物となった。コロンビア大学で学士号、マサチューセッツ工科大学で博士号を取得。現在、ニューヨーク市に在住。コロンビア大学教授、イントレピッド海上航空宇宙博物館顧問、テレビ解説者を務め、基調講演者としても活躍。テレビドラマシリーズ『ビッグバン★セオリー　ギークなボクらの恋愛法則』に本人役で出演した。

■訳者紹介

黒住奈央子（くろずみ・なおこ）

東京大学文学部卒業。教職を経て書籍翻訳に携わる。訳書に『敏感なHSPによる毒人取扱説明書』『よい親とよい子を育てるマインドフルネスとコミュニケーションスキル』（ともにパンローリング）、『ソマリランドからアメリカを超える——辺境の学校で爆発する才能』（共訳、角川書店）、『17歳でもわかるGRITワークブック』（双葉社）などがある。

2024年11月3日 初版第1刷発行

フェニックスシリーズ ⑮⑦

ムーンショット
—— 元NASA宇宙飛行士が明かす、不可能を可能にする方法

著　者　マイク・マッシミーノ
訳　者　黒住奈央子
発行者　後藤康徳
発行所　パンローリング株式会社
〒160-0023　東京都新宿区西新宿7-9-18　6階
TEL 03-5386-7391　FAX 03-5386-7393
http://www.panrolling.com/
E-mail　info@panrolling.com
装　丁　パンローリング装丁室
印刷・製本　株式会社シナノ

ISBN978-4-7759-4300-7